| 생 활 철 학 의 발 견 |

생각하면서 걸어가기

| 생활철학의 발견 |

생각하면서 걸어가기

초판 1쇄 발행 2023. 2. 17.
　　2쇄 발행 2023. 3. 17.

지은이 차영철
펴낸이 김병호
펴낸곳 주식회사 바른북스

편집진행 김재영
디자인 김민지

등록 2019년 4월 3일 제2019-000040호
주소 서울시 성동구 연무장5길 9-16, 301호 (성수동2가, 블루스톤타워)
대표전화 070-7857-9719 | **경영지원** 02-3409-9719 | **팩스** 070-7610-9820

•바른북스는 여러분의 다양한 아이디어와 원고 투고를 설레는 마음으로 기다리고 있습니다.

이메일 barunbooks21@naver.com | **원고투고** barunbooks21@naver.com
홈페이지 www.barunbooks.com | **공식 블로그** blog.naver.com/barunbooks7
공식 포스트 post.naver.com/barunbooks7 | **페이스북** facebook.com/barunbooks7

ⓒ 차영철, 2023
ISBN 979-11-92942-33-9 03100

| 생활철학의 발견 |

생각하면서 걸어가기

차영철 지음

매일
산책하면서 느낀
철학적 단상

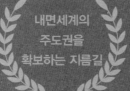

내면세계의
주도권을
확보하는 지름길

인생을
바꾸고 싶으면
생각을 바꿔라

"인생을 바꾸고 싶으면 생각을 바꿔라(If you want to change your life, you must change your way of thinking)"라는 말은 매우 의미심장한 삶의 지침이다. 생각에서 나오는 힘이 매우 강하다는 사실을 뜻한다. 그러나 누구나 생각을 하면서 살지만, 잘 생각한다는 것은 쉬운 일이 아니다. 대부분 어려서부터 진지하게 잘 생각하는 법을 배운 적이 없기 때문이다. 우리는 성장하면서 학교 교육을 통해서 국어, 역사, 수학, 과학 등 다양한 입시용 지식을 체득한다. 사실 학교 교육에서 배운 지식은 세상에서는 별로 필요 없는 경우가 많다. 학교에서는 세상에서 물질적인 성공이라는 결과의 중요성에 대해서 배운다. 반면, 어

떻게 하면 인생에서 진정한 성공을 달성하는지, 성공의 과정
에서 가장 중요한 인간관계의 기술, 감정 처리 기술, 그리고 잘
생각하는 방법에 대해서는 배울 기회가 드물다. 여기서 말하
는 성공이란 물질적인 성공도 중요하지만, 매사에 스스로 행
복감을 느끼는 상태를 말한다. 무엇보다도 사물과 관계에 대
해 객관적인 입장에서 깊이 숙고하는 훈련을 받지 못한다. 돈
을 많이 벌고, 세상에서 성공을 한 사람들도 뭔가 허전하고, 가
족이나 주변 사람들과의 관계에서는 어려움을 겪는다. 어린
시절에는 막연하게 어른이 되면 멋있는 삶이 기다리고 있을
것이라고 믿는다. 가끔 어른들의 넥타이에 막걸리 자국이 보
이거나, 부모들이 경제적으로 힘들어하는 순간들을 목격해도,
어린이들은 어서 빨리 어른이 되기를 바란다. 그러나 일단 어
른이 되면, 어린 시절에는 상상하지 못했던 어려움에 직면하
게 된다. 다시는 철부지 어린이로 회귀할 수 없다. 각종 성인병
의 공격, 사회생활 속에서 매일 부딪히는 복잡한 인간관계, 빈
부 격차와 경제적인 어려움, 세대 간 및 남녀 간의 갈등, 학벌
과 지역에 따른 차별 등 무수한 어른 세계의 문제들이 어린이
들에게는 감추어져 있다.

　필자는 중학교 이후 학업을 위해 가족들과 떨어져 다른 도시
에서 하숙 생활을 하면서 청소년기와 대학 시절을 보냈다. 불
행하게도 누구나 겪는 청소년기나 청년기의 어려운 문제들에
대해 상의를 해볼 멘토나 스승이 주변에 없었다. 고등학교 시

절부터 어려운 철학책을 읽으면서 인생에 대한 해답을 찾아보았다. 우선 책의 내용이 너무 어려웠고, 당장 청소년으로서 적용할 수 있는 답을 찾을 수 없었다. 지금도 그렇지만 학교 선생님들은 우선 좋은 대학에 진학을 학생 지도의 최우선 과제로 삼았다. 영어 단어를 외우고, 수학 공식을 잘 이해했다. 인간으로 성장하는 과정에서 등장하는 단계별 정신적인 통증을 해결하지 못한 채 강제적으로 소위 어른이 되었다. 몸은 양복을 입고 어른처럼 거리를 활보했다. 그러나 다른 사람들에게 어떻게 나를 객관적으로 표현할지 또는 다른 사람의 행동을 어떻게 이해할지 알 방법이 없었다. 이해가 안 되면, 답답했다. 유일한 인생 참고서는 신문, 소설, 극장의 영화나 텔레비전 드라마 주인공들의 행동 양식이 전부였다. 친구들과 갈등이 생기면, 서로의 견해 차이를 생각해 보고 해결책을 찾지 못하고 서로 오해하고 미워하는 악순환에 빠져 살았다. 어떤 상황에 대해 객관적인 정보를 수집해서, 신중하게 생각한 다음 나의 의견을 말하고 행동하는 기술을 전혀 배우지 못했다. 오히려 명절이나 장례식장에서 어른들이 합리적으로 대화를 나누는 것보다 자주 언성을 높여 다투는 모습을 보았다. 지금도 우리 사회에는 사소한 말이나 단어 하나 때문에 서로 비난하고 싸우는 일이 비일비재하다.

누구에게서 들었는지 기억이 나지 않지만, 청소년기에 들은 황당한 말이 기억난다. "서양 사람은 합리적이고, 동양 사람은 감성적이다"라는 것이다. 서양 사람들이 우리보다 먼저 근대 과학을 발전시키고, 동양을 지배하는 과정에서 이성적이고 합리적인 사고방식 속에 살아간다는 의미로 이해되었다. 동시에 서양인보다 우리는 비합리적이고 비이성적이라는 함의가 숨어 있었다. 성인이 된 이후에 여러 나라에서 살면서 어려서 궁금했던 서양인들의 합리성을 직접 목격할 기회가 있었다. 특히 필자는 독일과 스위스에서 7년 정도 살면서 게르만 민족 특유의 합리적 사고방식을 자주 경험했다. 매사에 냉정한 태도로 자신의 견해를 교환하였고, 토론 문화라는 것이 매우 발달되어 있었다. 토론에서 자신의 처지를 감정에 따라 표시하지 않고 이성적으로 전달하려면 사전에 신중하게 생각하는 훈련이 필요하고 상대의 견해를 잘 경청하는 것이 필요하다는 점을 느꼈다. 나중에 본문에서 다루겠지만, 인간의 감정이란 생각과 기억에 첨가된 호르몬과 화학물질이 양념 같은 작용을 하는 데서 나온다. 생각이 정신 활동이라면, 감정은 그 생각과 짝을 이루는 몸의 화학적 반응이다. 생각을 잘 훈련하면, 몸에 버릇이 된 감정의 강도를 조절할 수 있다. 필자의 자녀들이 스위스와 독일에서 유치원과 초등학교에 다녔다. 그곳 학교들은 어린 시절부터 토론과 경청 훈련을 통해 자기 생각을 정리해서 표현하는 교육을 강조하였다. 필자가 우리 사회에서 경험했고, 지금도 경험하는 목소리 큰 사람이 이기는 문화, 사소한 일에도 오해하고 원수가 되는 문화를 보기 어려웠다.

물론 오늘날 복잡해진 사회 구조 때문에 성인이 되어서 겪는 불안, 의심, 경계, 두려움 등 정신적인 문제는 세계 어느 나라 사람에게나 공통이다. 다만, 어려서부터 합리적으로 생각하는 문화 속에서 성장한 사람은 부정적인 감정의 지배로부터 탈출하는 과정에서 유리함이 있을 수 있다. 또한, 모든 감정은 화학물질이 일으키기 때문에 오래가지 않는다. 일정 시간이 지나면 마취제의 효력이 사라져서 의식이 들어오는 것과 비슷하다. 뇌 과학 연구에 따르면, 보통 흥분한 감정의 파도는 밀려온 후 약 90초 후에 다시 사라진다. 극도로 힘든 감정도 하루, 이틀이 지나면 견딜만한 수준으로 강도가 줄어든다. 감정을 잘 다루지 못하는 사람이 겪는 많은 갈등과 심적인 어려움은 기본적으로 세상의 작동 방식에 관한 무지함에서 비롯한다. 컴퓨터나 스마트폰을 잘 다루듯이 세상과 인간관계도 생각 훈련을 하면 잘 다룰 수 있다. 자신이 살아온 환경과 경험 이외에는 다른 경우를 잘 모르는 상태에 빠진 것이 무지함이다. 세상에는 어떤 문제라도 다양한 해결책이 존재한다. 그러나 자신만의 경험과 성장 문화 속에서 배운 생각의 방식으로는 더 나은 해결책을 찾지 못한다. 그럴 경우, 다른 견해를 무조건 배척하고, 자신의 견해를 고집스럽게 신념화한다. 그리고 격한 어조나 강한 감정표출, 편 가르기를 동원한다. 사회적인 문제도 이런 방식으로는 해결 못 하지만, 개인적인 문제도 마찬가지이다. 제 생각을 세심하게 검토하고 체계화하지 못하면, 집단의 논리에 부화뇌동할 수밖에 없다. 그때 동원되는 무기가 '뭐

어때, 남들도 그런데'이다. 특히 현대사회는 인터넷과 SNS의 발달로 생각하지 않는 개인들에게 가짜 뉴스, 프레임 제시, 광고 등 다양한 방법을 통해서 편향적인 견해를 주입하게 시킨다. 주입당하는 사람들은 자신이 그렇게 길들고 있다는 사실 자체도 깨닫지 못한다.

  인생에서 가장 중요한 것은 건강, 성공과 자아실현, 조화로운 인간관계라고 볼 수 있다. 이 중에서도 건강이 제일 중요하다. 왜냐하면, 건강하지 않고는 성공이나 인간관계도 이룰 수 없기 때문이다. 건강에는 마음의 건강과 몸의 건강이 있다. 몸과 마음이 상호 영향을 주고받는 현상은 잘 알려져 있다. 스트레스라는 정신의 힘든 상태가 장기화하면 몸에 질병 대부분을 일으킨다. 위장이 나빠 스트레스가 오는 것이 아니고 먼저 스트레스가 생겨서 위장이 나빠진다. 보통 사람들은 건강이라고 하면, 몸에 질병이 없는 상태로만 여긴다. 건강염려증도 몸이 어디 아프지 않으냐에 초점이 맞추어져 있다. 상대적으로 정신 건강에는 관심이 부족한 것이 사실이다. "연목구어(나무에서 생선을 구한다)"라는 속담이 있다. 불가능한 것을 추구할 때 비유하는 말이다. 마찬가지로 먼저 정신이 건강하지 못하면, 몸의 건강이나 인생에서의 성공도 불가능하다. 몸이란 인간의 정신이 구현되는 임시적인 통로나 채널이다. 반대로 먼저 정신이 건강하면, 몸의 건강이나 세상에서의 성공은 나중에 힘들지 않게 1+2로 따라온다. 정신이 건강하다는 말은 건강한 생각을 할 수 있는 마음 자세를 가지고 있다는 의미이다. 잘 생각한다는 뜻은 매사를 대할 때, 주관적이고 이기적인 마음을 버리고 객관적인 정보를 사용하고 이타적인 마음으로 생각한다는 의미이다. 필자는 5개월 전에 뜻하지 않게 갑상선 절제 수술을 하였다. 처음 의사가 암이라고 진단을 내렸을 때, 두려운 마음보다는 갑자기 차분해진 정신을 맛보았다. 그때 처음으로 느꼈다. 오랜 세월 내 몸이 나에게 마음을 돌보라는 신호를 보내고 있었다. 102세인 김형석 교수는 최근 언론과 인터뷰에서 "마음과 정신이 건강하면 늙은 신체도 끌고 갈 수 있다. 100세 넘어 신문 칼럼을 쓸 수 있는 건 사고하는 힘이 살아있기 때문이다"라고 밝혔다.

'생각하는 대로 이루어진다, 세상은 내 생각이 물질화되어 나타난 것이다, 심은 대로 거둔다, 자성 예언(자신의 말이 이루어진다), 최근 뇌 신경과학에서 말하는 뇌 가소성 원리' 등은 모두 같은 힘을 지적한다. 생각이 가진 창조적 힘에 관해 설명하고 있다. 가소성 원리란 같은 생각을 반복하면, 뇌 속의 신경세포가 새로 결합하여 새로운 습관이 형성된다는 원리이다. 《잠재의식의 힘》의 저자인 조셉 머피와 미국 심리학의 대부인 윌리엄 제임스는 "20세기 최대의 발명은 비행기도, 중성자탄도 우주여행도 아니고, 인간이 마음 자세를 바꾸어서 자신의 운명을 바꿀 수 있다는 사실을 깨달은 것이다"라고 말했다. 원자폭탄의 원리는 원자핵이 분열되면서 생성하는 엄청난

양의 에너지를 이용하는 것이다. 즉, 원자핵을 이루는 있는 양성자와 중성자가 인위적으로 분리되면서 막대한 에너지가 발생한다. 비슷한 원리로 사람의 정신의 핵을 이루고 있는 이기심과 이타심이 분열되면서 세상을 바꾸는 커다란 힘이 분출된다고 믿는다. 전통적인 유전자 이론에서는 유전자(DNA)가 사람의 몸을 결정한다는 결정론을 신봉했다. 그러나 이후 발전한 후성유전학(Epigenetics)에 따르면, 환경 또는 인간의 마음(Perception)이 유전자의 발현 스위치를 조절할 수 있다. 후성유전학은 현대 의학계에서도 심리치료 형태로 인정되고 있다. 비록 어떤 유전자를 부모로부터 물려받았어도 자녀가 건강한 마음을 가지고 합리적인 생활방식을 유지하면 그 유전자가 발동하지 않고 스위치가 꺼진다. 같은 유전자를 물려받은 일란성 쌍둥이 형제가 성장해서 각자 다른 건강 상태를 보이는 이유는 후성유전학의 원리 때문이라고 한다. 양자물리학에서는 심지어 마음(파동 상태)과 몸(입자 형태)이 상호 동시에 작용한다고 한다. 이렇게 중요한 생각이 가진 힘을 이해하고, 그 힘을 우리 삶에 적용하기 위해 잘 생각하는 법을 배우는 것이 매우 필요하다. 아마 평생 배워도 부족하다. 로댕이 말한 〈생각하는 사람〉, 파스칼이 말한 "인간은 생각하는 갈대이다"도 인간은 생각하는 힘을 길러서 사는 존재라는 뜻으로 이해된다. 아인슈타인은 "현대인의 문제가 무엇이라고 생각하느냐"라는 기자의 질문에 대해, "오늘날 사람들은 생각하지 않는다"라고 대답했다고 한다.

차분하게 잘 생각하는 사람은 이 세상에서 의미를 찾고, 세상에 기여하고, 자신에게 다가오는 수많은 정신적, 물질적, 그리고 인간관계의 문제들을 해결할 힘을 얻는다. 필자는 전작 《오늘 나는 다시 태어났다》(2022년 2월 출간)에서 생각과 관계에 대한 새로운 접근을 제시하였다. 이 책에서는 전작 이후 느낀 인생의 여러 분야에서 활용할 수 있는 구체적인 잘 생각하기 방법론을 72개의 소주제에 담아 소개한다. 전체적으로 사람의 생각이 가진 막대한 힘(I장), 생각이 적용되는 대상인 인생에 대한 새로운 시각(II장), 생각하는 나와 세상과의 연결(III장), 갑자기 늘어난 수명과 21세기에 건강을 유지하고 감정을 다루는 마음 자세(IV장), 그리고 기존의 제한적인 가치관과 신념을 뛰어넘는 인식의 대전환 방향(V장)에 관해 다룬다. 책의 제목을 《생각하면서 걸어가기》로 정한 이유는 필자가 수년 전부터 매일 1만 보씩 산책하면서 느낀 철학적 단상들을 걸으면서 스마트폰에 기록하였고, 그 결과물이 이 책으로 세상에 빛을 보았기 때문이다. 이 책이 출판되기까지 여러모로 도와주신 김병호 사장님, 김재영 편집자님, 그리고 김민지 디자이너님께 감사를 드린다.

양재천 산책로에서

차영철

목
차

들어가는 말

I장

생각이
가진
힘

01	잘 생각하며 살기	22
02	생각과 감정 표현 훈련	27
03	판단에 따른 결과 수용	30
04	내면세계로	33
05	생각의 숲속 길	36
06	심적 불안감을 운동할 때 긴장감으로 전환	39
07	불안에서 편안함으로 건너가기	41
08	선택 영역의 확장	47
09	생명 현상, 생명력과 죽음	51
10	감각 정보	54
11	인생이라는 책을 쓰기	56
12	정신적 여유	58
13	절대자의 힘	61
14	새로운 나를 선택	63
15	과거와 미래의 교체	66
16	좋은 생각하기	68
17	우뇌 회복	71
18	역설적인 감정의 혼재	73

II장

**인생에
대한
새로운
시각**

19	무례한 상황의 유발자는 나	80
20	인생은 시한부 연극	82
21	인생의 의미 만들기	87
22	심장의 소리 듣기	90
23	프랙털 구조와 인생	95
24	인간 사용법	98
25	디지털 문명에의 종속	102
26	인간의 죄성과 고통	105
27	신공 지능(Divine Intelligence)과 영혼	108
28	인생의 의미	111
29	인생의 신비	114
30	인류 스승의 말씀	116
31	멋진 카페와 내면의 아름다움	118
32	인간도 대자연의 일부	120

III장

나와
세상과의
연결

33 착하게 살기가 어려운 이유   126

34 타인의 평가 극복   129

35 평화롭게 세상 살기   131

36 생명 현상의 양면성 극복   133

37 세상의 바람과 구름   136

38 참여 우주   138

39 서로 다른 존재 방식   142

40 늘 기대하며 사는 사람   144

41 대자연의 순환   147

42 상대방의 말 경청하기   149

43 깨어있는 사회   151

44 젠틀맨 사회   153

45 개인으로서의 나와
    인류로서의 나   155

46 터부   158

Ⅳ장

늘어난
수명과
새로운
생활 자세

47 100세 시대에
노인으로 산다는 의미   164

48 심신의 면역 강화와 암의 극복   167

49 수명연장이라는 착시현상   176

50 현재를 살아가는 마음 자세   179

51 급변하는 21세기의 특징과
삶의 기술   183

52 우주적 관점에서의 건강   189

53 활기찬 아침을 맞이하기   192

54 문제 있는 인생의 인정   194

55 교육의 방향 개선   198

56 생각을 줄이고 몸을 움직이기   201

57 젊은 층과 노장년층 간
세대 갈등 해소   204

58 용기의 실천   207

59 축적된 분노의 물결   210

60 세상의 변화에 적응   212

61 감정 폭발의 억제법   216

62 해가 지면 자기   218

V장

인식의
대전환
방향

63 의식의 스위치 전환   224

64 진짜 자기 혁명   228

65 자연과 분리된 나를 극복   231

66 죽음마저 극복   234

67 큰 그림을 보기   236

68 조급함의 극복   239

69 사랑과 배려의 닻을 내리기   242

70 과거의 부정적인 신념체계 극복   244

71 알에서 깨어나는 아픔 이겨내기   246

72 이것이냐 저것이냐   249

WALKING
WHILE
THINKING

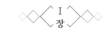

I
장

생각이
가진
힘

01

잘 생각하며 살기

우리는 흔히 세상일을 어떤 관점에서 받아들이냐가 매우 중요하다고 말을 한다. 셰익스피어는 "이 세상에 좋은 것도 나쁜 것도 없다. 단지 생각에 따라 좋고 나쁨이 결정된다"라고 했다. 유대인 수용소에서 살아남고 의미 심리학(로고 치료법)으로 유명한 빅토르 프랭클은 "주어진 환경에 대한 태도와 삶의 방식은 자신이 정하는 것이다"라고 설파했다. 어떤 환경도 인간이 가진 생각의 자유를 막을 수 없다는 것이다. 또한, 인간의 생각이 가진 힘은 무한하다. 생각이 물질 세상과 사건을 만든다. 생각은 만물을 찍어내는 공장이다. 이 세상은 사람이 뇌 속에서 생각한 청사진이 나중에 우주라는 3차원 홀로그램 스크린에 물질화되어 투사된 것이다. 잠언에는 "생각하는 대로 이루어진다"라는 유명한 말이 있다. 틱낫한 스님은 "우리의 말과 생각과 행동은 의식의 밭에 매일 새로운 씨앗을 심는다"라며 긍정적인 씨앗을 심으라고 강조했다. 처칠은 2차 세계대전에서 자유 세계가 승전하는 생각의 씨앗을 심었고, 그대로 되었다. 인간에게는 두 가지 다른 생각 방법이 주어져 있다. 하나는 나의 작은 육체와 오감에 한정된 고정적이고 물리적 환경의 지배를 받는 사고방식이다. 다른 하나는 직관, 육감 또는 영감을 통해 3차원 공간을 넘나드는 세계에 대한 사고방식이다. 우리의 오감을 초월하는 세계란 플라톤이 말한 이데아의 세계, 노자의 도의 세계, 스피노자의 코나투스(Conatus) 개념과도 연관이 있다. 사실 이런 초월적인 사고방식을 매일 꿈을 꾸는 무의식의 세계에서 경험한다. 꿈에서는 순식간에 장면이 바뀌고 우주에도 순간에 다녀온다. 텔레파시, 직관, 염력, 데자뷰, 순간이동, 투시력도 현재 과학으로 알 수 없는 힘에서 나타나는 현상이다.

우리 육체는 늘 변하고 있다. 하나의 정자와 하나의 난자가 결합하여 나라는 초기 몸이 잉태되었다. 올챙이보다도 엄청나게 작은 이 생명체는 시간이 흐름에 따라 갓난아이가 되고, 학생이 되고 청년이 되며 커지고, 이어서 노화를 겪으면서 다시 쪼그라든다. 사람은 나이가 들어도 동안을 좋아한다. 그러나 우리 모두에게는 아주 동안이었던 아기 시절과 어린이 시절이 있었다. 우리가 육체를 나라고 생각하면, 살아가는 동안 수많은 다른 모습의 육체를 갖게 된다. 평생 고정된 나라는 육체란 없다. 이와 반대로 평생 안 변하고 내가 나를 나라고 인식하는 존재는 생각 속에 있다. 이 생각 속에서 나라고 느끼는 존재는 과거 나의 모든 변화된 모습들을 담고 있고, 다가올 노년의 모습도 미리 상상한다. 우리의 몸뚱이는 시시각각 변하지만, 내가 나를 나라고 부르는 생각은 영원히 변하지 않는다. 생각 세상은 마음속 세상의 시민들로 구성되어 있다. 생각 하나하나를 생각 시민으로 여기고 내 의식이 생각 시민을 통치하는 생각 정부라는 비유도 있다. 그것은 현실 속의 남자나 여자도 아니고 내 이름도 아니고 내 키도 아니다. 내 생명이 잉태되는 순간부터 육신의 호흡이 끝날 때까지 내 속에서 보이지 않지만 살아있는 나라는 의식 활동이다. 바로 이 나라는 인식 자체가 간혹 인간의 오감과 육체를 뛰어넘는 생각을 한다. 그래서 인간은 신을 생각하기도 하고 머나먼 우주의 별도 생각한다. 자동차나 휴대전화, 우주선, 우리 눈에 보이는 모든 인공의 물건들은 사람이 먼저 생각 속에서 모형을 만들어 낸다. 세상에 존재하는 모든 물질적인 대상은 생각이란 씨가 발화시킨 꽃들일 뿐이다. 생각이 없다면 인간이 누리는 모든 문명이란 존재할 수가 없다. 생각이 가진 힘을 안다면, 어떻게 잘 생각하느냐가 전부다. 이 책은 잘 생각하기에 관한 책이다.

오늘날 현대인들은 어떻게 살아가는가? 그냥 또는 대충 살아간다고 말하는 사람이 많다. 남이 하니까 나도 따라서 하는 사람들도 많다. 다른 사람에게 말을 하거나 행동을 할 때도 별생각 없이 습관적으로 하는 사람들도 많다. 자녀가 자신만의 어떤 비전을 갖기도 전에 남들이 하는 대로 학원에 보낸다. 그런 삶의 방식은 나중에 혼란과 후회를 일으킨다. 사람이 품은 생각은 극히 중립적으로 현상, 사건, 또는 구조물이나 물질로 세상에 반영된다. 남의 생각을 그냥 따라만 해도 그렇다. 그 생각은 세상에 삶의 현상으로 반영되어 나타나고, 내가 원하지 않는 삶을 경험하게 된다. 수학의 어떤 공식도 그냥 풀어지지 않는다. 그냥 생각해서는 날아다니는 비행기 엔진을 만들 수 없다. 자신이 잘 생각해야 답이 나오고 만들어진다. 비행기나 컴퓨터는 깊이 생각해야 만들어지는데, 왜 인생의 모든 행위는 그냥 생각하고 그냥 해도 된다고 믿을까? 심도 있게 깊이 생각한다는 것은 뇌에서 많은 에너지가 필요하다. 사소한 일상생활에서 모든 것을 깊이 생각하면 에너지가 고갈되기 때문에, 사람들은 사소하다고 여기는 일들을 쉽게 생각하고 쉽게 행동하게 된다. 아쉽지만, 이 세상에는 사소한 일과 중요한 일의 구분이 없다. 사소한 일도 나중에는 큰일로 발전한다. 그래서 매사에 생각하며 살아야 한다. 너무 여러 가지 일에 신경을 쓰면 에너지가 낭비되는 것은 맞다. 그래서 생활을 단순화하고, 매일매일 중요한 것을 선별해서 생각 에너지를 집중할 필요가 있다. 눈에 보이는 세상은 우리 생각이 만들어 낸 것들이다. 종교, 철학 서적, 자기 계발서에서 똑같이 강조하는 "생각하는 대로 이루어진다"라는 말은 하늘과 마음의 법칙이다.

생각하지 않고 사는 사람들은 인생을 살아오면서 잘못 형성된 믿음들을 가치 판단의 기준으로 적용한다. 잘 생각한다는 뜻은 우선 지금 내가 가지고 있는 판단 기준이 객관적으로 옳은지를 점검해 보는 데서 시작된다. 나의 작은 경험을 통해서 형성된 가치관이 언제나 100% 옳다고 믿는다면, 이는 매우 위험한 생각이다. 필자는 30년 전에 독일 대학에서 공부한 적이 있다. 그 당시 우리나라에서는 벤츠 자동차가 전국에 100대도 안 됐고 대단한 부자들의 상징이었다. 그런데 독일에 와보니 모든 택시가 벤츠였다. 벤츠가 택시라니, 많이 놀란 기억이 지금도 생생하다. 그릇된 생각이나 가치관이 고집의 단계로 넘어가면, 생각의 창고에 쌓여있는 창의적인 보석들이 빛을 볼 수 없게 된다. 오죽하면 소크라테스가 2,500년 전에 "점검하지 않는 삶은 살 가치가 없다"라고 토로했겠는가. 늘 내 생각 기준이 틀릴 수 있다는 점을 인정해야 한다. 그래서 사람은 죽을 때까지 배우는 자세로 살아가는 학생이다. 내 생각 말고 다른 사람의 생각을 배워야만 공감도 할 수 있다. 내 생각이 점점 세상과 공명하는 객관성을 확보하면, 그제야 다른 사람들이 내 생각을 받아들이려고 한다. 늘 매사에 신중하게 생각하며 살면 반드시 삶의 질이 나아진다. "가는 말이 고와야 오는 말도 곱다", "말 한마디로 천 냥 빚을 갚는다"라는 속담들은 신중하게 생각한 말이 가져오는 중요한 결과를 보여준다. 잘 생각하기 위해서는 시간을 투자해야 한다.

02

생각과 감정 표현 훈련

근대 서양문화는 개인주의를 발달시켰다. 이에 반해 동양 문화는 비록 수백 년 전부터 서양문화의 영향을 받았고 최근에는 서구식 개인주의가 추구되지만, 우리 사회에는 아직 집단주의적 전통이 은연 중 남아있다. 예를 들어 우리 수준의 고부 간 갈등은 다른 나라에서 찾아보기가 힘들다고 한다. 집단주의 특징은 개인의 개성, 의사, 감정 표현을 억제하는 대신, 집단의 힘으로 누르려는 왕따 문화, 본질과는 거리가 먼 말꼬리 문화, 편 가르기, 남의 아픔 속에서 자신의 문제를 감추는 험담이 난무하게 만든다. 우리의 SNS에 도배된 글들이 무엇인지 점검해 보면 알 수 있다. 그래서 아직 교육도 집단주의적 환경에서 벗어나지 못하고 있다. 일반적으로 서양의 초중고 교육은 단순한 지식 전달보다는 자기표현 능력이나 다른 친구들과의 관계 속에서 건강한 인격 형성에 큰 비중을 둔다. 암기보다는 토론과 발표를 중시한다. 우리의 현실은 어떤가? 유아교육부터 대학 졸업까지 가정, 학교, 사회가 학생들의 전인교육에 진정으로 관심이 있는지 의문이다. 치열한 경쟁 속에서 공부를 잘해야만 좋은 대학을 가고, 좋은 대학을 가야만 좋은 직장을 가고 좋은 결혼을 한다는 획일적인 논리가 지배하고 있다. 서양의 교육심리학자들이 100년 전부터 강조해온 유아기,

청소년기의 자아 인식, 자기표현, 타인 배려 등의 체계적인 인성 교육이 부족하다. 어려서부터 자신의 감정이나 의사를 정확하게 표현하고 동시에 다른 사람들의 의사를 존중하는 법을 배우지 못하면, 그 사람은 자신 생각의 노예가 되고, 평생 남의 눈치만 보면서 살아가게 된다. 어려서는 부모의 기대, 청소년기에는 친구들의 기대, 성인이 되면 직장과 사회의 기대에만 맞추려고 애쓴다. 우리나라 사람들이 자기 생각과 감정을 잘 표현하지 못하는 점은 남녀 간에 다툴 때나 가게나 식당에서 불만을 말할 때 자주 드러난다. 자신의 불만을 정확하게 표현하지 못하기 때문에, 그저 목소리를 높이거나, '어', '아', '정말'이라는 답답한 감탄사를 반복한다.

자기표현에 익숙하지 못하면, 진정으로 자신이 무엇을 좋아하는지도 모르게 된다. 공부만 해서 좋은 대학을 가고 좋은 직장을 가도 인성이 조화로운 성인이 되지 못한다면, 과연 그러한 공부와 인생이 성공이라고 말할 수 있을까? 그런 편향적인 구성원들로 이루어진 사회가 좋은 사회는 아닐 것이다. 지금 우리 사회에 만연한 다툼과 갈등을 보면, 과연 우리가 정상적으로 인간 교육을 받고 성장했는지 의문이 든다. 무엇보다 중요한 것은 어려서부터 자신의 감정이나 의견을 확실하게 표현하는 능력을 배우는 것이다. 서양의 유아 초등 교육을 보면, 단순 암기는 적다. 학습 시간 대부분을 특정 주제에 대한 발표를 통해 자신의 견해 표현과 친구의 의견 청취 능력을 훈련한다.

서양 가족 영화나 드라마를 보면, 은연중에 이러한 교육 문화가 배어있다. 서양의 대학에 가보면, 대학생들이 주어진 문제에 관한 토론, 질문, 청취 능력이 대단하다. 우리는 어떤가? 학생들에게 질문해 보라고 하면, 쥐 죽은 듯이 고요하다. 우수한 질문을 할 수 있다는 것은 생각이 정리돼 있고 동시에 자기표현을 할 수 있다는 의미이다.

우리나라 사람들처럼 오랫동안 영어를 배우면서도 영어 회화에 어려움을 겪는 사람들도 없다. 외국에 가보면, 사람들이 문법을 몰라도 짧은 기간에 외국어 회화를 잘한다. 왜일까 생각해 보면, 영어가 아니라 원래 자국어로 어려서부터 표현 능력을 잘 배우기 때문이다. 남의 눈치를 보지 않고 자기 의사를 잘 표현하는 사람은 외국어 회화도 잘한다. 한국 사람의 영어 회화 능력을 높이려면, 우선 어려서부터 한국어로 자기 생각과 감정, 미래의 꿈을 또박또박 이야기할 수 있도록 교육해야 한다. 지금 같은 암기와 점수 위주의 교육 방식은 국가 전체적으로 정말 문제가 많은 낭비이다. 아무리 창의적인 생각과 천재성을 타고난 사람도 가정, 학교, 사회의 환경이 눈치를 보게 만든다. 제 생각과 감정을 억누르면 그냥 자신의 능력을 꽃피우지 못하고 시들고 만다. 지금 세대는 어쩔 수 없다고 해도, 성공하는 미래의 한국을 남겨주려면, 가정, 학교, 사회가 모두 어린아이들에게 자신의 느낌과 의견을 분명하게 표현하도록 배려해 주어야 한다. 또한, 다른 사람의 의견을 경청하는 훈련을 시켜야 한다.

03

판단에 따른 결과 수용

잘 생각하지 않아도, 사람은 온종일 무엇인가 생각을 하면서 살아간다. 생각이 왜 떠오르는지 살펴보면, 우선 세 가지의 도화선이 필요하다. 과거의 기억을 자극하는 외부 장면 또는 글자, 아무런 이유 없이 불쑥 떠오르는 과거의 일이나 미래에 대한 걱정거리, 그리고 어떤 결심을 할 때 따라오는 부수적인 기억들이 생각을 일으키는 도화선들이다. 사람은 하루에 약 6만 개의 생각을 하며, 대부분은 매일 반복되는 무의식적인 생각들이라고 한다. 그중에서 의식적으로 느껴지는 생각은 약 2천 개 정도지만 이들도 너무 빨리 지나가면서 내용이 바뀐다. 실제로 사람의 마음을 지배하는 중요한 생각은 하루에 3~5개 정도의 후회나 근심거리, 미래의 계획에 관한 것이다. 어떤 근심거리가 정리되거나 계획했던 일이 완수되면, 이제는 마음이 편할 거로 생각한다. 그러나 곧바로 수면 하의 물방울처럼 새로운 근심과 계획할 일이 떠오른다. 무슨 생각이나 그 생각을 처리하는 과정에서 많은 판단을 하게 된다. 그리고 이러한 판단들은 눈 깜짝할 사이에 일어나기 때문에 의식적인 조절이 어렵다. 물론 특정 판단을 내리는 과정에 우리가 배운 교육, 경험, 유전정보, 환경, 성장한 사회의 문화, 종교 등이 큰 영향을 미친다. 한국인이 아프리카 사람을 판단하는 것과 유럽인의 판단은 다르다. 동일 상황에 부닥쳐도 나와 주변 친구의 판단은 다르고 처리 방향도 같지 않다.

하루에 내리는 수많은 판단 후에 이 판단이 옳은지 틀렸는지가 문제가 된다. 대부분의 판단은 검토해 볼 여유도 없이 지나가고, 그에 따른 행동이 일어난다. 예를 들어 사람이 앞에서 내 방향으로 걸어오면 서로 부딪힐 거라 판단하고 바로 옆길로 피하는 경우이다. 건널목 파란불이 몇 초 남지 않았으면 곧 꺼질 거라 판단하기도 전에 몸이 먼저 뛰기 시작한다. 그러나 간혹 삶에 큰 영향을 미치는 중요한 판단을 시간을 두고 차분하게 해야 할 때도 있다. 판단 여부에 따라 미래에 관해 결정하는 생각의 방향이 달라지고 인생이 바뀔 수 있기 때문이다. 결혼 배우자를 선택하기 전의 판단, 중병에 걸렸을 때 어떤 치료를 할지 판단, 어느 대학 또는 직장에 지원할지 판단, 경제 위기가 닥쳐올 때 어떤 대비를 할지 판단 등이다. 어려운 점은 어떤 중요한 판단을 할 때, 주어진 선택지가 나에게 적합한지 아닌지 알 수 없다는 사실이다. 특히 단기적으로 좋아 보여도 장기적으로 나쁠 수도 있기 때문이다. 내가 가지고 있는 모든 정보를 동원해도 나에게 도움이 되는 훌륭한 판단을 내리기 어렵다. 왜냐하면, 내가 판단할 때 사용하는 정보란 나의 경험과 교육에서 비롯된 극히 제한적인 정보이기 때문이다. 따라서 같은 처지 지인의 자문도 도움이 안 되고 오히려 그릇된 판단을 내리게 할 수도 있다. 이처럼 중요한 판단이 너무 어렵기에 "진인사대천명(사람으로서 할 바는 모두 했으니 하늘의 뜻을 따른다)"이라는 마음을 갖기도 한다. 자신의 결정에 대해 확신과 의심의 문제가 나타난다. 어떤 중요한 판단을 내려야 할 순간 나에게 주어진 판단 근거를 총동원해서 선택했다면, 그러한 판단의 결과가 나쁠 거로 의심해서는 안 된다. 더 좋은 판단을 했다면 좋겠지만, 현재로서는 내가 할 수 있는 가장 좋은 판단을 했다면 그냥 자신을 믿어야 한다. "사람을 대할 때 의심되면 쓰지 말고, 한번 쓰기로 했으면 믿어라"라는 말도 취지가 비슷하다. 최대한 잘 생각하되, 최종 판단을 믿어야 한다. 판단을 내려놓고 자신의 판단을 믿지 않으면, 믿지 않는 대로 현실이 바뀔 수 있기 때문이다.

내 판단으로 나에게 어떤 결과가 오더라도 그 순간에 나는 최선을 다했고 그렇게밖에 판단할 수 없었다. 사람들이 흔히 어린 시절의 교육환경에 대해 부모를 탓하기도 한다. 그러나 어른이 된 우리가 잘 생각해 보면, 나의 어린 시절에 나의 부모도 경험이 부족한 불과 30대의 청년이었다. 그들도 그들의 입장과 상황에서는 최선을 다해서 판단을 내렸을 것이다. 부모들도 더 좋은 수단이나 방법이 있었다면 그렇게 했을 것이다. 우리는 매일 좋든 싫든 많은 판단을 내리고 그 판단에 대해 행동을 하고 행동에 관한 결과를 수용한다. 식당을 선택하기 전에도 이 식당을 갈까? 저 식당을 갈까? 판단한다. 그런데 자신이 판단해서 들어온 식당의 요리가 맘에 안 든다고 후회하지 말자는 의미이다. 왜냐하면, 그 식당에 들어오기 전에 분명히 선택의 기회가 주어졌고, 나에게 주어진 모든 능력을 동원해서 이미 판단을 내렸기 때문이다. 일상의 사소한 결정들도 무의식적인 판단을 따르지 말고, 좀 더 의식적으로 차분하게 판단하고 결정하면 후회할 일이 적어진다. 잘못 내린 사소하게 보인 판단이 나의 하루를 망칠 수 있다. 잘 생각하려고 노력은 하되, 일단 한번 내린 판단을 후회할 필요는 없다. 그런 판단을 내린 시간은 떠났다. 과거 판단을 교훈 삼아 앞으로 더 나은 판단을 하면 된다.

04

내면세계로

우리는 흔히 외부세계를 살아간다고 믿는다. 다른 사람과의 관계에서 다양한 감정을 느낀다. 그렇게 살면서 좋은 일이 많으면 다행이다. 그러나 종종 외부환경이나 타인은 나에게 어려움을 제공한다. 특히 애인이나 친구와 관계가 악화하고 헤어지는 때도 있다. 이때는 다른 사람이 나를 버렸다고 믿는다. 특히 믿었던 친구나 동료가 어느 날 나를 따돌렸다는 사실을 알게 되면, 매우 기분이 나쁘다. 이런 일이 발생하는 이 세상에 대해서도 근본적인 의문을 품기도 한다. 그리 길지 않은 인생에서 자신이 상당 기간 구축한 인간관계의 뿌리가 뽑힌 느낌도 든다. 마음이 마치 태풍이 지나간 거리에 통째로 뽑힌 큰 나무나 무너져 내린 빌딩의 잔해처럼 황량할 것이다. 우리는 지금까지 살아오면서 주로 외부 사람들과 외부환경에 의한 문제에 분노를 느껴왔다. 역사적으로 깨우친 사람들과 철학자들에 따르면, 우리의 인생에는 나와 외부 세상과의 관계에서 발생하는 일만이 전부가 아니다. 나와 나의 내면의 세계와의 관계라는 측면도 있다.

어떻게 보면, 나의 내면의 세계가 눈에 보이는 외면의 세계보다 훨씬 크다. 우리는 온종일 내면의 세계에서 떠오르거나 들려오는 어떤 목소리와 싸우고, 혼자 중얼거리고 있다. 혼자 있어도 외롭지 않은 이유다. 1667년에 《실낙원》을 쓴 존 밀턴은 실명한 이후에 외부세계보다 훨씬 큰 내면의 세계가 존재함을 깨달았다. 보지도 못하고 듣지도 못했던 헬렌 켈러도 내면세계의 힘을 깨닫고 글을 쓰고 왕성한 사회활동을 하였다. 만약 내면의 세계가 실재함을 느낄 수 있다면, 내가 나를 얼마나 심하게 무시하는지를 새삼 깨닫게 된다. 지금까지는 타인이 나를 속였고 배척했다고 분노했다. 그런데 갑자기 내가 어린 시절의 내 꿈을 버렸고, 아내를 평생 사랑하기로 했던 결심을 저버렸음을 알게 된다.

그동안 사람을 사랑하지 못한다고 자신을 탓해왔다. 그런데 인제 보니 나 자신을 아끼고 사랑해 본 적이 없다. 반대로 늘 몸과 정신에 고통을 안겨주는 삶의 방식을 따랐다. 과음하고, 쓸데없는 허상을 찾아 아까운 시간을 다 허비하였다. 돈을 아끼느라 비싼 음료도 나에게 사주지 못했다. 내가 나를 나의 두 팔로 감싸주지도 못했다. 그동안 남이 나를 사랑해 주지 않는 다고 느꼈다. 언제나 주변의 사람들이 나를 오해하고, 나를 사랑해 주지 않는다고 불평했다. 이제는 알 것 같다. 뭔가 초점이 잘못되었다. 내가 먼저 나를 돌보지 않고 타인이 나를 돌봐주기만 고대했다. 내가 나의 꿈과 희망을 포기하고 버렸으면서, 운명과 세상과 환경이 나를 버렸다고 한탄했다.

나를 아끼거나 나를 사랑하지 못한 사람이 남을 사랑할 수 없는 노릇이다. 내가 갖고 있지도 않은 것을 남에게 나누어 줄 수 없다. 나의 꿈과 희망을 쉽게 포기하는 사람이 어떻게 남이 나를 버렸다고 비난할 수 없다. 내면의 세계에서 나에게 들려오는 끝없는 목소리는 진짜 나를 알아달라는 메시지일 수 있다. 인간이란 정말 묘한 감정을 가진 존재이다. 우리의 내면세계에는 기쁨과 슬픔이 공존하고, 폭력성과 자비심이 공존한다. 어쩌면 우주 탐사도 중요하고, 멋진 결혼식도 중요하다. 그러나 내가 나의 마음속에 실재하는 엄청난 세계를 탐사하고 발견하고 사랑하는 것이 진짜 인생일 수 있다. 잘 생각해야 나의 내면세계를 발견할 수 있다.

05

생각의 숲속 길

사람들은 종종 혼자서 어디론가 멀리 떠나고 싶다고 생각한다. 그런 생각을 잘 살펴보면, 현재의 환경이나 상황이 마음에 들지 않고 힘들어서다. 지금 자신이 처한 곳에서 떠나고 싶은 마음이 든다. 떠나는 것 자체가 중요하지 구체적으로 어디로 갈 것인지는 문제가 안 된다. 그러나 떠나려고 결단을 내리기도 어렵지만, 막상 결정해도 다시 어디로 갈지 막막해진다. 해외로 떠날지 국내 여행을 할지를 우선 정해야 한다. 해외여행을 하려면 혼자 떠나야만 혼자 떠나려는 목적에 부합한다. 그러나 처음 가보는 외국 여행에 준비할 것도 많고 걱정이 된다면, 그룹 여행도 그리 나쁘진 않다. 일단 지금 이곳을 떠나는 것이 목적이고 같이 그룹 여행을 가는 사람들도 어차피 모르는 사람들일 것이기 때문이다. 혼자 외국 여행 가기가 어렵다면, 주말에 일찍 일어나 당일치기 국내 여행도 좋다. 대부분 전국에 산재한 아름다운 바다나 명승지는 하루 만에 다녀올 수 있다. 간단한 샌드위치와 음료를 작은 휴대용 백에 담아가면 좋다. 요즘은 어디를 가나 공원이나 해변에 벤치가 많이 있다. 먼 바닷가나 조용한 산책로나 해변 길에 있는 벤치에 앉아 자신을 되돌아본다.

멀리 떠나와도 나를 어렵게 하는 환경이나 상황으로부터는 멀어진 것 같은데, 늘 편안하지 않은 내 마음을 집에 두고 오지 않았다. 분명 여행지는 내가 살던 곳과 다른 사람들, 다른 환경이다. 그런데 나를 힘들게 하는 생각과 감정이 무임승차를 통해 나 몰래 따라왔다. 여전히 걱정거리가 머릿속에서 맴돌고 감추어 둔 분노가 슬그머니 고개를 내민다. 내 주변을 맴돌며 공격하려고 하는 들개나 뱀이라면 차라리 온 힘을 기울여서 싸워라도 보겠다. 내 속에서 나에게 말을 걸어오는 존재는 보이지 않고 늘 너무 빠르게 나의 정신과 육체를 잠식해 온다. 뇌 신경과학자나 심리학자들은 부정적인 생각과 감정을 극복하려면 뇌의 신경가소성(Neuro-plasticity) 원리를 활용하라고 권한다. 이는 어떤 생각을 반복해서 새로운 신경세포 회로를 만드는 원리이다. 새로운 회로가 생기면 새로운 습관이 형성된다는 말이다. 뇌에는 약 천억 개의 신경세포들이 있다. 우리가 어떤 새로운 생각을 하고 이 생각이 장기기억 창고에 보관되려면 신경세포 간에 연결(시냅스)을 통한 새로운 기억 단위가 형성된다. 같은 생각을 계속해서 반복하면, 시냅스가 고속도로처럼 넓어지고 나중에는 내 의지와 무관하게 부정적인 생각 자동차가 마음껏 지나다닌다. 반대로 한번 형성된 기억 시냅스도 자기 확신, 또는 믿음을 통해서 자주 생각하지 않게 되면, 해당 기억 시냅스의 생각 자동차가 더는 지나가지 않음에 따라 길이 점점 줄어들고 나중에는 소멸한다는 원리이다. 뇌의 신경가소성 원리를 이용하여 부정적인 생각과 감정이 들

때마다 그 생각과 싸우거나 반대로 회피하려고 하지 말고, 대신 기쁘고 긍정적인 생각을 자주 하는 방법이다. 그러면 뇌의 신경회로에 긍정적인 생각과 감정의 연결통로가 고속도로처럼 넓어지고, 부정적인 생각과 감정의 연결통로는 잡초가 자라서 점차 사라진다는 심리기술이다.

내 머릿속에 이미 형성되어 있는 부정적인 신경 연결고리는 스스로 해체되지 않는다. 나의 지나온 삶을 점검해서 이미 뇌 밖을 떠나서 온몸에 습관과 버릇으로 체화된 부정적인 신경 연결고리들을 알아차려야 한다. 그런 생각들과 싸우려고 기를 쓰면 쓸수록 부정적인 생각과 감정의 고속도로가 더욱 넓어지기만 한다. 차라리 그런 생각들을 내버려 두고 전혀 새로운 기쁜 생각을 자주 떠올리는 것이 좋다. 만약 기억할 기쁜 생각이 없다면 지금이라도 멋진 길을 걸어보고 멋진 사람들을 만나면서 새로운 생각의 길을 개척해 가야 한다. 이제 외부의 멋진 장소로 여행도 떠나고, 여의치 않다면 나의 내면에 있는 생각의 숲으로 여행을 떠나자. 잡초에 뒤덮여 있는 생각의 숲속에 멋지고 아름다운 생각의 길을 새로 만들고 그 길을 넓혀가자. 시간은 약간 걸리더라도 이 방법이 우리의 뇌와 협력해서 내가 나의 내면세계의 주도권을 확보하는 지름길이다.

06

심적 불안감을 운동할 때 긴장감으로 전환

심각한 병의 진단 결과나 취직시험 결과 등을 기다릴 때, 여러 사람 앞에서 연설할 때, 또는 골프 1홀에서 티샷을 할 때는 누구나 마음이 불안하고 안정이 안 된다. 억지로 마음을 편하게 하려고 하면 할수록 반대로 더욱 긴장되고 심지어 몸이 떨리기도 한다. 그럴 때마다 긴장을 없애고 싶은 생각이 든다. 그러나 긴장된 몸과 마음을 편안한 상태로 돌리려고 애써도 효과가 없다. 섬세한 스포츠나 격한 운동을 하면 심장 박동이 빨라진다. 운동 중간에 일부러 심장이 편해지도록 중단하지 않는다. 운동 중에 몸이 긴장되고 심장이 빨리 박동하는 것은 정상이다. 걱정거리가 있거나 매우 궁금한 문제의 결과를 기다릴 때 몸이 숨이 가쁘고 답답한 것도 당면한 상황에 따른 당연한 반응이다. 매우 중요한 순간에 땀이 나고 긴장되고 떨리는 현상은 우리 몸의 자연스러운 반응이다. 아무 문제가 없다면 몸과 마음이 굳이 긴장 상태로 바뀔 필요가 없기 때문이다. 따라서 불안하고 답답한 순간에 그 상황을 모면해 보려고 심리 통제를 하거나 의지로 자신의 상태를 바꿀 필요가 없다. 대신 '나에게 중대한 문제가 걸려 있기 때문에 나의 몸과 마음이 그 중요도에 맞게끔 변화를 나타내는구나'라고 받아들이는 것이 좋다.

더 나아가서 인생에서 일어나는 모든 어려운 일을 게임으로 여기면 도움이 된다. 부정적인 일로 불안하고 두려우면, '지금 내가 100m 달리기에서 1등을 하려고 애쓰고 있구나'라고 생각하면 좋다. 승부를 앞두고 흥분되고 긴장되고 걱정되기는 매한가지이다. 어떤 일로 걱정이 들 때마다 '아 이제 100kg짜리 역기를 들어야 하군'이라고 생각을 바꾼다. 미리 몸에 긴장과 두려움을 기다리고 있노라고 신호를 보내는 셈이다. 걱정으로 인해 곧 밀려올 심신의 변화에 대해 내가 준비하고 있음을 알려주는 것이다. 그러면 정신적인 걱정이 일으키는 불안감과 긴장감을 운동이나 게임을 앞두고 발생하는 긴장과 불안감으로 전환하는 효과가 있다. 뇌와 몸은 불안감과 긴장감의 원인이 달라도 같은 감정과 육체의 반응을 보인다. 원인과 무관하게 모든 고통이나 승리욕은 같은 심적, 육체적 반응을 보인다. 걱정으로 인해 발생할 고통을 운동과 게임에서 오는 고통이라고 뇌에 친절하게 설명해 주는 원리이다. 그러면 뇌는 '지금 내가 느끼게 될 긴장감과 불안감, 두려움은 내가 엄청나게 강한 권투선수와 맞서서 싸우게 되어서 발생하는 변화이구나'라고 여긴다. 이 걱정의 싸움에서 이기면, 관중들의 우레와 같은 박수 소리가 들리리라 생각하면 된다.

07

불안에서 편안함으로 건너가기

───

　사람은 늘 바쁘다. 왜냐하면, 나의 감정과 생각이 끝없이 나에게 말을 걸어온다. 다양한 일에 대해 분노하고 걱정하게 만든다. 그때마다 뇌가 왜 이러한 생각과 느낌을 반복해서 일으키는지 원인을 생각해 본다. 주로 과거에 나에게 일어났던 일 중에서 억울했거나 정의로운 대접을 받지 못했던 경험이 현재의 불쾌한 생각과 감정의 원인인 경우가 많다. 마치 범죄 드라마에서 형사가 사건의 원인을 파고들어 가듯, 현재 자신의 답답한 마음의 뿌리를 과거에 발생했던 일이나 혹은 걱정스러운 미래에서 찾아본다. 그러한 원인이 소멸하지 않는 한 현재 내 생각과 감정이 계속해서 힘들 것이라고 진단한다. 어떻게 보면, 인간이 몸을 가지고 살아가는 동안 발생하는 일이 걱정을 일으키는 것은 당연한 일이기도 하다. 걱정과 불안의 감정이란 본래 확실한 현실과 불확실한 현실 사이에 놓여있는 다리이다. 불확실한 출발점을 지나 강을 건너 안전하고 확실한 현실에 도착해야만 불안과 걱정이 사라진다. 강 하나를 건너면, 이내 다른 강이 기다린다. 사람은 죽어서 황천에 이르기까지 사는 동안 수많은 강을 건너가야 간다. 어떤 강은 쉽게 건너갈 다리가 있다. 그러나 강 대부분은 헤엄을 치거나 작은 바람에도 흔들리는 나룻배를 타고 건너야 한다.

이미 일어난 과거의 일이나 다가오지도 않은 미래의 일을 어떻게 소멸시킬 수 있을까? 잘 생각해 보면 매우 힘들었어도 아주 먼 옛날의 일들은 기억 속에서 사라졌다. 지금 내가 초등학생이나 중고교 시절에 고민하고 힘들어했던 구체적인 일들을 기억할 수 없는 이유이다. 분명히 그때도 무언가 무척 걱정스러운 일이 있었다는 것은 어렴풋이 기억이 난다. 물론 어느 정도 상처로 남아있는 일도 있겠지만 그 당시처럼 아프거나 현실감이 있지는 않다. 마찬가지로 지금 내가 고민하고 힘들어하는 일들도 아마 10년쯤 지나면 잊힐 것이다. 그때는 미래의 새로운 문제와 씨름을 할 것이다. 부정적인 생각과 감정도 세월이 흐르면 나이를 먹고 약해진다. 생각과 감정도 수명을 가진 인간의 신경세포와 호르몬이 만들어 내는 부산물이다. 지금 당장에는 현재의 문제가 영원히 지속할 것 같다. 뇌의 생각과 감정 시스템이 우리에게 지금 이 문제가 매우 중요하고 영원히 우리를 괴롭힐 것이라고 협박한다. 그러나 분명히 5년 또는 10년 후에는 지금의 문제를 잊고 다른 문제로 고민하고 있을 것이다. 그런데도 지금의 문제가 평생 나를 힘들게 할 것 같은 느낌이 나를 괴롭게 한다. 에고가 일으키는 거짓말이다. 속지 말자. 지금껏 속아 살아온 것만으로도 충분하다. 삶 속에서 경험해 본 바에 따르면, 불안과 걱정이라는 원형의 기본 그릇이 내 속에 있고, 세월의 흐름에 따라 불안과 걱정의 내용물이 계속해서 바뀐다는 사실을 알 수 있다. 인간에게서 불안과 걱정이라는 보이지 않는 장기를 떼어낼 수는 없다. 잘 다루며 살아야 한다. 애완견을 불안과 걱정의 틀이라고 생각해 보자. 내가 애완견에게 먹이를 주고 동네 산책도 시켜주면 내 말을 잘 듣고 늘 꼬리를 친다. 심지어 자다 깨어나서도 꼬리를 친다. 그러나 내가 개를 발로 차거나 위협을 가하면 갑자기 돌변한다. 주인을 물 수도 있다. 불안과 걱정도 그렇다. 내가 안전하기를 바라서 꼬리를 치며 늘 나를 따라다닌다. 내가 불안과 걱정을 인정하고 잘 다루면 늘 나를 돕는다. 그러나 내가 부정하거나 심하게 다루면, 나를 공격한다.

여기서 생각해 볼 점이 있다. 우리의 의지나 희망과는 무관하게 인간이라는 생명체 속에 불안과 걱정이라는 프로그램이 유전자에 기본으로 설정되어 있느냐이다. 그렇다면, 이러한 기본 프로그램을 끄기 전에는 평생 대상은 바뀌지만, 불안과 걱정을 하면서 살아야 하는 운명이 인간에게 주어진 것일 수도 있다. 심지어 일부 심리학자들은 인간에게는 오직 자신의 안전을 지키기 위한 불안감이라는 하나의 감정만 있다고 주장한다. 걱정, 우려, 불신, 두려움, 희망, 기쁨 등 모든 다른 감정은 불안감의 다른 모습일 뿐이라는 것이다. 성경에서는 인간의 원죄로 인해 타락한 천사인 하늘의 존재들이 인간 세계를 지배하고 있다고 한다. 따라서 인간과 신과의 연결이 끊어져서 인간이 사탄의 괴롭힘을 받는 것이고, 괴롭힘의 주요 수단이 불안과 걱정을 일으킨다고 보는 것 같다. 한편, 인류학이나 진화론에서는 인류가 수렵 생활을 시작한 이후 오랜 세월 늘

맹수의 공격이나 열악한 기후, 기근으로 생명이 위태로운 상황에 놓여있었기 때문에 대부분의 외적 상황을 불안해하는 유전자가 발달했다고 주장한다. 막대기를 보면 우선 뱀으로 인식하고 도망하고 본다는 것이다. 막대기인지 뱀인지 구분하려다가 죽을 수도 있다. 포식자들로부터 살아남는 것이 가장 중요한 일이었다. 따라서 인간의 심리에는 늘 위험에 대해 대처하는 프로그램이 심어졌고, 오늘날 현대인의 불안과 걱정이 그러한 유전자 프로그램의 영향 때문이라고 주장한다. 신체적 위협이 사라진 오늘날에는 다른 사람이나 사건들이 과거 조상들이 느낀 사자나 호랑이의 대체물이라고 비유한다. 여기에서 어떤 관점이 옳다 틀린다를 논하자는 것이 아니다. 각자가 자신의 인생에서 느끼는 불안과 걱정 고리의 원인을 찾아보고 해결책을 발견하는 데 참고하자는 것이다.

분명한 점은 이 세상에는 개별 인간들이 어떻게 할 수 없는 힘이 작용하고 있다. 예를 들어, 코로나 19와 같은 전염병을 누가 일으키는지 알 수 없다. 개인은 핵전쟁을 두려워하나, 인류 전체는 지구를 없애버릴 핵무기를 만들었다. 미시세계와 거시세계의 조화가 깨졌다. 코로나 19 상황에서는 미시세계의 존재인 바이러스가 거시세계인 인간의 생명을 고려하지 않는다. 반대로 핵무기의 경우, 거시세계인 전체 인류의 잠재의식이 미시세계인 개인의 생명을 고려하지 않는다. 개인의 삶에서도 다양한 걱정과 불안이 꼬리에 꼬리를 물고 우리를 쫓아다닌다. 학교에서 깡패 학생이 전학 갔다고 좋아했는데, 이 내 다른 학생이 새로운 깡패로 등장한다. 개별 학생의 마음과 무관하게 어떤 힘과 시스템이 학생들을 지배하고 있음을 느낀다. 물론 불안과 걱정이라는 부정적인 구조뿐 아니라, 분명히 사랑과 조화의 긍정적인 질서도 존재하고 있다. 그렇지 않다면 45억 년간 꾸준히 태양을 공전히는 지구가 언제든지 궤도를 이탈할 것이고, 하루에 12만 번 박동하는 우리의 심장이 언제나 꺼질 수도 있다.

인간에게는 불안, 걱정, 의심, 분노라는 부정적인 생각과 감정뿐만 아니라, 우리가 잘 느끼지 못하는 사랑, 질서, 조화, 용서라는 긍정적인 생각과 감정도 기본 프로그램으로 설치되어 있음을 알아야 한다. 이러한 인식이 불안에서 편안한 감정으로 넘어가는 지름길이다. 나의 뇌 속에 나와 너를 뛰어넘는 어떤 거대한 힘이 존재한다는 점을 받아들이냐의 문제이다. '적을 알고 나를 안다'라기보다 '나를 알고 나를 이해한다'라는 생각의 전환이다. 그러한 인식이 우리에게 불안과 걱정, 불신의 마음을 사랑과 이해, 그리고 용서의 마음으로 건너가게 만드는 힘을 주기 때문이다. 부정적인 감정을 이기는 또 하나 중요한 방법은 마음의 행복감을 늘리는 것이다. 즉 행복을 규정하는 기준을 어디에 두느냐이다. 대부분 부자가 되거나, 직장에서 성공하거나, 순조로운 인간관계, 큰 집과 멋진 배우자 등나 밖의 환경이 좋아지면 행복감을 느낀다. 그러나 외부 세상과 환경은 늘 변하고 영원하지 않다. 만약 내 행복감이 항상 변하는 외부 상황에 달려있다면, 나는 늘 행복할 수 없다. 나를 행복하게 만드는 외부 상황이 좋았다, 나빴다를 반복하기 때문이다. 모든 만물이 변함은 자연의 섭리이다. 그렇다면 외적 조건에 내 행복을 연동시키는 한 나의 행복감도 생겼다가 사라지기를 반복하는 것이 자연스러운 현상이다. 행복에 대해 두 가지 법칙을 받아들이는 것이 필요하다. 원래 인생에는 영원한 행복이 없다는 사실을 인정하고 살거나, 행복에 대한 기준을 내 내면세계로 옮기는 방법이다. 일이 잘될 때는 기뻐하고, 잘 안되면 언젠가 다시 좋아지겠지, 생각하면 된다. 변할 수밖에 없는 외적인 상황과 환경에 대해 일희일비하지 말고, 내면의 정신세계에서 행복감을 찾으면 된다. 마음속 행복이란 생각을 바꾸면 얻어진다. 친구가 없으면, 책 속에서 훌륭한 친구를 만날 수 있다. 책 속의 친구는 늘 내 곁에 있어준다. 옆에 없어도 "너 자신을 알라"라는 그리스 원로 철학자의 외침이 귀에 울리지 않는가? 돈이 많지 않으면, 건강한 정신으로 매사에 소박한 삶을 산다. 탄수화물을 주식으로 하는 인간의 장기는 오직 소식해야만 장수한다. 돈이 없으면 역설적으로 소식할 기회가 는다. 실험해 볼 수 있다. 운동보다 소식이 체중 감량에 효과적이다. 매일 탄수화물 섭취량을 평소보다 1/3만 줄이면, 한 달에 5kg 감량은 쉽다. 그러나 정기적인 운동을 통해서 5kg을 줄이려면 몇 달이 필요하다.

08

선택 영역의 확장

사람에게 주어진 선물이 있다. 자유의지와 선택하는 능력이다. 우리에게는 언제나 새로운 선택을 할 기회가 주어져 있다. 선택은 여러 가지 옵션 중에서 무엇을 할지 말지 결정하는 것이다. 자유의지는 어떤 것을 이행하고 실천하는 힘이다. 동물의 경우에 배가 고프면 음식을 먹는다. 그러나 사람은 배가 고파도 밥을 먹을 수도 있지만, 건강 또는 다이어트 목적 때문에 밥을 자제하는 선택을 할 수 있다. 또한, 동물들은 배가 고프면 음식을 빨리 먹지만, 사람은 음식을 빨리 먹을 수도 있고 천천히 먹는 선택을 할 수도 있다. 자유의지는 사람에게 주어진 일을 당장 처리하게 만들기도 하지만, 반대로 나중에 하도록 미루게도 한다. 이처럼 인간은 거의 본능대로 살아가는 동물과 다르게, 자신의 욕구나 욕망 충족을 조절한다. 물론 당장 눈앞의 욕구 충족을 미루는 선택은 나중에 더 큰 만족을 얻기 위함이다. 인간의 욕구 충족 지연 능력을 알아보기 위한 실험이 '스탠퍼드 마시멜로 실험'이다. 어린이에게 마시멜로 1개를 주고 15분간 먹지 않고 참으면 2개를 주기로 했다. 먹지 않고 참아서 나중에 2개를 받은 아이들이 성장해서 학업 성취 면에서 더 좋은 결과를 보였다고 한다. 제럴드 코레이와 마리안느 코레이가 공동 저술한《나에게 선택권이 있다는 것을 몰랐다,

I never knew I had a choice》에서 사람이 어려서부터 성장하는 단계별로 겪는 심리적, 정서적 문제들을 분석해 설명한다. 그에 대한 다양한 대처법을 알려주면서 독자들에게 삶에서의 선택 영역을 넓히라고 권고한다.

인간의 일반적인 선택은 대부분 몸에 버릇이나 습관으로 체화되어 있어서 무의식적으로 일어난다. 하루의 생활 중에서 의식적으로 하는 선택은 많지 않다. 심리학에 따르면, 사람은 하루에 95% 이상을 무의식적으로 선택하고, 약 5% 정도를 의식적으로 결정한다고 한다. 그나마 의식적인 선택도 무슨 음식을 먹을지, 무슨 옷을 입을지, 어디에 갈지 등 일상사와 관련된 것이 많다. 어떤 대학이나 직장에 갈지, 어떤 배우자를 택할지, 어디에 집을 살지 등 중대한 선택은 인생에 몇 번만 한다. 사람은 선택할 때, 자신에게 주어진 조건이나 실천 가능한 옵션 중에서 하나를 택하는 경우가 대부분이다. 예를 들어 1주일 간의 휴가가 주어지면, 제주도로 갈지 또는 부산 여행을 할지 중에서 선택한다. 배우자를 선택할 때도, 우선 자신의 주변에서 접근이 가능한 지인 중에서 선택한다. 아예 다른 선택지를 생각해 볼 여유가 없다.

인간에게 무한한 선택과 자유의지가 주어져 있지만, 사람마다 선택의 범위와 환경, 그리고 실천 능력이 제한되어 있다. 따라서 소위 기적에 해당하는 선택을 하기가 어렵다. 복권을 사는 것은 선택이라기보다는 요행을 실험해 보는 행위로 여겨진다. 즉 복권을 사는 선택을 한다 해도 당첨이라는 결과가 보장되지 않기에 복권 구매는 내가 결과를 통제할 수 없는 선택이다. 병에 걸려서도 마찬가지이다. 지금 어떤 환자가 의사를 만나고 처방된 약을 먹는 선택은 가능하다. 그러나 환자가 스스로 지금 자신의 병이 완치되어 건강해진 모습을 선택하는 것을 불가능하다고 여긴다. 꿈의 배우자를 만나거나, 근사한 곳에서 일하고 사는 것도 지금 나의 상황에서는 선택할 수 없는 것으로 생각한다. 이런 상황들이 선택의 범위가 제한된 사례들이다. 기적에 가까운 일은 선택 영역의 대상이 아니라고 믿는다. 그러나 믿음의 세계에서는 모든 일이 가능하다는 것이 믿음의 뿌리이다. 믿음도 선택이다. 마음으로 말기 암이 치유된다고 믿는 사람들의 완치 이야기가 많다.

원래 인간에게 부여된 선택의 능력과 자유의지가 처음부터 매우 제한적으로 주어졌는지가 의문이다. 분명히 종교나 철학에는 우주를 창조한 신이 인간이 무한한 대자연을 마음껏 누리게끔 이 세상을 창조했다는 설명이 있다. 그런데 인간의 선택 범위가 자신의 환경에 제약받는다면 그것은 완전한 선택권이라고 볼 수 없다. 인간이 제정한 헌법에도 인권, 표현의 자유, 거주 이전의 자유가 보장되어 있다. 그렇다면 신이 인간에게 부여한 기본권리인 선택과 자유의지에 제한이 있을 수 있다고 보기가 어렵다. 단지 인간 스스로 선택의 범주를 제한하고 있는 것이 아닌지 생각이 든다. 인간은 자신이 현재의 여건 속에서 취할 수 있는 것만을 선택한다. 자신이 이룰 수 없는 것을 선택의 영역에서 분리하여 희망 또는 소원이라고 부른다. 심지어 자신이 이룰 수 없는 것을 생각하는 사람을 망상에 빠졌다고 한다. "오르지 못할 나무는 쳐다보지도 말아라"라는 말이 이를 대표한다.

과연 그럴까? 인간이 자신이 처한 제한된 환경과 여건 속에서만 선택하도록 창조됐다면 어려운 환경을 헤치고 자신의 삶을 개척한 역사상 수많은 인물의 이야기는 존재할 수 없다. 위인들은 인간이 무엇이나 생각하고 선택하고 자유의지를 통해 실천할 수 있다고 믿는다. 내가 선택하고 결심한 결과가 당장 나타나지 않더라도 시차를 두고 언젠가는 이루어질 것이라는 믿음이 바탕이다. 그렇지 않다면 인류가 태양계를 벗어나 지금도 우주를 항해 중인 보이저호를 발사할 수 없었을 것이다. 보이저 1호는 36년 비행 후 2013년, 보이저 2호는 40년 넘게 비행하다 2018년 태양계를 벗어났다. 특히 보이저 2호는 태양계를 떠나면서 "태양계 끝이 탄환처럼 생겼다"라는 메시지를 보내왔다. 기적도 믿음으로 선택할 수 있다. 몸이 아프면, "지금 나는 신이 나에게 원래 부여해준 건강 상태를 선택한다"라고 선언하라. 원하는 자리나 연을 맺고 싶은 사람이 있다면 그 자리나 사람과의 삶을 선택하라. 나의 환경을 뛰어넘는 선택을 자주 하라. 19세기 미국의 철학자인 랠프 월도 에머슨은

"당신이 할 수 있다고 믿으면, 당신은 할 수 있다"라는 말을 남겼다.

09

생명 현상, 생명력과 죽음

내가 살고 자는 곳이 내 집이다. 비가 와서 천장이 새거나 출입문이 흔들거리면, 내가 연장을 들고 수선을 하거나 벽돌을 교체한다. 종교나 철학적으로는 내 몸이 나의 영혼이 사는 텐트 또는 성전이라고 한다. 다만 몸이라는 집은 병이 들어 고장이 나도 내가 집처럼 고칠 수 없는 경우가 많다. 내 몸을 구성하고 있는 단백질 벽돌이 나의 의지나 희망을 따르지 않는다. 내 몸을 지키는 자체 면역체계도 나의 의식의 지배를 받지 않는 것처럼 보인다. 몸속에서 외부에서 침입한 박테리아 또는 바이러스를 격퇴하려고 대식세포와 T 세포들이 전쟁을 벌인다. 물론 내가 평소에 운동, 건강한 음식 섭취, 규칙적인 수면 등을 통해서 몸의 면역체계를 도와줄 수는 있다. 그러나 막상 병에 걸리면, 나의 의식과 몸속의 면역체계와 직접 소통할 방법이 없다고 느껴진다. 내가 원한다고 해서 몸속에 생긴 혹이 당장 없어지지 않는다. 학교에서는 내 마음대로 움직일 수 있는 손과 발을 수의근이라고 하고, 내 마음대로 움직일 수 없는 몸속 장기의 근육을 불수의근이라고 가르친다.

그렇다면 내가 어떻게 할 수 없는 몸속의 장기들을 나의 장기라고 할 수 있는 걸까? 특히 내 의지나 의식이 원한다고 해서 몸속의 세포가 노화를 중단하지 않는다. 세포들을 움직이는 어떤 힘이 정해진 설계에 따라 노화를 진행하고, 세포 내 염색체의 끝에 있는 텔로미어의 길이가 줄어들면 수명이 종료된다. 결국, 나라는 존재는 오감의 정보를 의식하는 부분과 손과 발처럼 내가 원하는 대로 움직여 주는 피부 바깥의 신체 부분, 그리고 내 말을 듣지 않는 피부 안쪽의 장기, 혈관, 뼈들로 구성되어 있다. 또한, 배가 고프고 갈증이 나는 것도 내 의지가 원해서가 아니라, 몸속의 세포나 미생물이 원하기 때문에 발생하는 느낌이다. 머리털이나 손톱도 나의 의지와 무관하게 그냥 자란다. 심지어 과거의 경험과 기억도 내 의지와 무관하게 시도 때도 없이 떠오른다. 내가 원한다고 해서 반복적으로 떠오르는 생각이 중단하지도 않는다.

나라는 존재가 직접 통제할 수 있는 나의 몸과 생각은 매우 제한적이라는 결론에 이른다. 여기서 드는 의문은 그렇다면 과연 나라는 존재는 누구인가? 어려서부터 너무 자연스럽게 내 몸, 내 생각이라고 믿어왔다. 내가 직접 통제하고 수리할 수 없는 부분을 더는 내가 아니라고 하면, 어떤 부분만이 나일까? 기계적으로 보면, 내가 움직일 수 있는 몸의 외부 부분과 몸속의 자체 욕구를 관찰하고 느끼는 안 보이는 의식만이 나라고 할 수 있다. 그렇다면 몸속을 유지하고 생명 현상을 일으키는 존재는 누구이며, 나의 의식과 그러한 생명 현상과의 관계는 무엇일까? 내 몸속에서 벌어지는 현상을 움직이는 힘과 개미의 몸속에서 벌어지는 현상을 움직이는 힘에 차이가 있을까? 나와 개미가 느끼는 개별 의식에 차이는 있을지라도 모든 생명체를 움직이는 힘에 구분이나 차이는 없으리라 생각한다. 끝없는 세상이나 "온 만물이 연결되어 있다"라는 말도 이러한 측면을 의미한다고 본다. 마르틴 부버가 《나와 너》에서 말한 "네가 존재함에 따라 나가 존재한다. 나의 온 존재를 기울여서 너를 만난다"라는 관점도 모든 생명체 간의 연결 특성을 말한다. 다만, 사람이 느끼는 생명 현상은 말로 설명하기가 어려운 부분이다. 집 안에서 집을 볼 수 없다. 집 밖에 나가야만 집을 볼 수 있다. 종교에서는 믿음을 통한 신과의 연결이 필요하다. 사람이 아무리 죽음을 두려워하고 죽음에 대한 철학을 수립해도 산 사람은 죽은 상태가 어떤 상태인지 알 수 없다. 두려움의 대상은 우리가 살아서 호흡하는 동안 구체적으로 느낄 수 있어야 한다. 이런 인식에서 보면, 죽음은 살아있는 인간 두려움의 대상이 아니다. 오직 내 의식이 이 세상을 떠난 후에만, 내 몸 밖에서 나의 살아생전의 모습이 보일 것이다. 우주적인 차원에서는 파괴와 창조가 반복될 뿐이다. 개별 생명체의 탄생과 죽음은 극히 인간적인 개념으로 생각된다. 오늘도 하늘에서는 수많은 별이 소멸하고 다시 탄생하고 있다. 초신성이 폭발하면, 그

충격의 힘으로 성운이 모여 별이 탄생한다. 언젠가 별을 태우는 에너지가 소멸하면, 백색왜성, 흑색 왜성으로 변하고 다시 성운으로 흩어진다. 인간도 자녀에게 나의 형질이 전해지고 있으므로 나의 생물학적 죽음이 나의 소멸은 아니다.

10

감각 정보

사람의 오감 중에서 시각 정보가 77%를 차지할 정도로 시각은 매우 중요하다. 시각은 그만큼 많은 에너지를 사용한다. 따라서 머리가 복잡할 때, 눈을 감아서 잠시 시각 정보를 차단하면 머리가 정리되는 느낌이 든다. 어떻든 사람은 깨어있는 동안 눈을 통해 무언가 보고 있다. 문제는 눈이 모든 주변의 사물을 보는 것이 아니라, 자신이 보고 싶은 정보에 집중해서 보는 점이다. 자신의 관심 분야가 우선 눈에 들어온다. 많은 경우, 관심 분야가 아니면 분명히 있어도 잘 보이지 않고 기억나지 않는다. 새로운 길이나 장소를 가보고 나중에 기억해 보면 몇 가지 특징 있는 내용만이 생각난다. 필자도 수년간 지나다닌 복도에서 어느 날 구석에 놓여있는 소화기를 처음 보고 놀란 적이 있다. 관리인에게 물어보니 그 소화기는 계속 그곳에 있었다는 것이다. 따라서 사람의 시각은 카메라처럼 모든 정

보를 중립적으로 받아들이지 않고, 자신이 원하는 정보를 주로 파악한다. 그래서 착시현상도 있고, 내가 보는 시각 정보를 기초로 판단하면 틀릴 때가 많다. 이는 시각 정보뿐만 아니라, 청각 등 다른 감각기관에서도 나타나는 현상이다. 보통 사람이 처음 만난 사람의 이름을 잘 기억 못 하는 경우가 많다. 청 각이 자신이 기억하고 싶은 이름만 기억하기 때문일 수 있다. 그래서 성공한 사람들은 대개 만나는 사람들의 이름을 암기하는 연습을 한다. 다시 만났을 때, 상대가 내 이름을 기억해서 불러주면 누구나 감동을 준다.

그래서 세상을 살면서 나의 눈과 귀에 잡히는 현상과 사건만을 보고 상황을 판단하면 오판할 가능성이 있다. 그 이면에 감추어져 있는 더 큰 현상을 이해할 필요가 있다. 또한, 사람들은 자주 은유법이나 비유법으로 말하기 때문에 귀에 들리는 청각 정보를 객관적으로 해석할 수 있는 능력도 필요하다. 매일매일 바뀌는 주가나 환율 정보를 보고 들으면서 그 이면에 감추어진 1년 후 경제 상황을 예측해 볼 수도 있다. 우리 사회가 가진 각종 사회 현상을 보고 들으며 우리 사회의 미래를 예측해 보는 것도 마찬가지이다. 당장에는 시각과 청각 정보가 중요하다. 그러나 너무 당장 눈과 귀에 잡히는 정보에 의존하지 말고 다시 살펴보고 크게 보는 습관을 길들이면 삶에서 실수할 가능성이 줄어든다. 내가 보고 들은 것이 어느 정도 타당한지 잘 생각해 보는 것이 좋다.

11

인생이라는 책을 쓰기

뉴스에 따르면, 우리나라 성인의 48%가 1년 동안 책을 한 권도 안 읽고, 나머지는 평균 6.1권의 독서량을 보인다고 한다. 이에 반해, 미국인과 일본인은 월평균 약 6권을 읽는다고 한다. 그만큼 우리의 평균적인 삶이 힘들고 여유가 없다는 의미로 이해된다. 책 속에 인생이 있고, 모든 성공과 실패의 이야기가 담겨있다. 어떻게 보면, 인생 자체도 우리가 살아온 이야기와 삽화들이 담긴 한 권의 책이다. 다만 책과 인생에는 다른 점이 있다. 인생은 사람이 인생의 작가로서 책의 내용을 언제나 바꿀 수 있는 점이고 이 점이 바로 인생의 묘미이다. 인생 스토리를 전개할 때, 매일 우리가 만나는 소위 문제들을 어떻게 다루느냐가 스토리의 결말에 영향을 미친다. 보통 책의 줄거리나 구성은 미리 정해진다. 그러나 인생은 매일 새로 살아보는 체험이기에 인생 책의 모든 챕터들은 언제나 바뀔 수 있다. 그런 의미에서 우리가 인생 책의 작가이자 주인공이다. 어떤 문제를 아래에서 쳐다보면 해결책이 보이지 않지만, 그 문제가 모두 보이는 위에서 내려다보면 해결책이 잘 보인다.

또한, 삶에서 죽음을 바라보면 죽음이 무섭게 보이지만, 이미 자신이 죽었다는 느낌으로 가상의 죽음의 현실에서 삶을 내려다보면 이제 어떻게 살아야 할지가 더욱 잘 보일 수 있다. 인생을 책과 비교해 보면, 인생의 책은 여러 가지 스토리가 복합되어 있다. 인생 책 작가의 의중에 따라 주인공 자체가 변경되기도 한다. 즉, 주인공이 살다가 새로운 깨달음을 얻고 나면, 완전히 다른 사람이 되어 새롭게 행동한다. 주변 독자들이 "저 사람이 딴사람이 되었다"라고 속삭인다. 인생 책 속의 주인공은 제 생각을 새롭게 변화시켜 다른 사람으로 변한다. 사람은 외부환경변화가 없어도 마음속으로 환경이 변한 것처럼 가정하고 자신을 변화시킬 수 있다.

헬스클럽에서 운동하지 않고, 일정 기간 마음으로만 아령 훈련을 하고도 근육이 늘어난 실험 결과도 있다. 뇌는 실제 현실과 상상 속 가상현실을 구분하지 못하기 때문에 가능한 일이다. 그래서 요즘 몸을 움직이지 않고도 재미를 느낄 수 있는 가상현실 환경이 는다. 자신이 매일 쓰는 인생 책을 자주 점검하는 것이 좋다. 나의 목소리나 톤에 해당하는 글자 크기나 두께가 나의 삶에 적절한지 살펴보아야 한다. 나의 행동에 해당하는 책 속에 삽입되는 그림과 사진이 적절한지 점검해 보고, 다음 페이지에는 개선된 그림이나 사진을 올려야 한다. 굵고 짧게 살아서 책의 페이지가 줄어들지, 아니면 짧고 길게 살아서 페이지 수만 늘릴지도 생각해 보는 것이 좋다. 소수의 친구만 등장인물로 만들지, 아니면 다양한 친구들을 등장시킬지도 선택사항이다. 한 나라의 이야기만 담을지, 여러 나라를 가

보고 그곳에서의 이야기도 담을 것인지도 마찬가지로 생각해 보아야 한다. 이윽고 나의 인생 책의 편집이 완료되고, 마지막 쪽을 잡을 때, 나의 책을 후세 사람들이 읽어줄지도 늘 생각해 보자.

12

정신적 여유

시간적으로나 물질적으로나 여유가 있는 사람이 있다. 그런 사람은 차분한 면모를 보인다. 어떤 것을 결정할 때, 택할 수 있는 옵션이 남보다 많다는 뜻이기도 하다. 반대로 여유가 없는 사람은 선택할 수 있는 범위가 제한적이다. 인간은 결정을 내릴 때, 우선 어떤 옵션들이 있는지 살펴본다. 그리고 자신에게 가장 유리한 방안을 택한다. 선택된 옵션을 바로 실행하기도 하고, 조금 여유를 두고 실행하기도 한다. 문제는 사람들과 관계에서 하는 말이나 행동의 선택에서 나타난다. 누군가와 대화를 할 때, 그 상황에 맞는 적절한 말이나 행동을 고른다. 그러나 종종 알 수 없는 자극이나 감정의 파고에 휩쓸리면, 상황에 맞지 않는 엉뚱한 말을 하거나 상대와 싸우게 되는 수도 있다. 여기서 생각해 볼 점이 있다. 부적절한 말이나 행동을 하기 전에 이런 선택을 하면 안 된다는 느낌이 분명히 먼저 온다. 그러나 그 느낌보다 더 강력한 내적인 어떤 힘이 후회할 말과 행동을 하게 만들어 버린다. 내적인 힘이란 오랜 시간 형성된 빙하와 같은 습관과 버릇이다.

잘 살펴보면, 모든 상황에서 어떤 말과 행동을 하기 전에 더 좋은 말과 행동을 할 수 있는 선택지가 주어진다. 비록 순간이지만, 상황에 맞는 좋은 언행과 부적절하고 나중에 후회하게 될 언행이라는 두 가지 이상의 답안지가 동시에 제시된다. 그렇다면 왜 어떤 사람은 매사에 신중하고 적절한 언행을 선택할 수 있고, 다른 사람은 감정에 휘둘려서 부적절한 언행을 하게 되어 인간관계를 망치게 되는가? 답은 내적 사고체계의 여유에 있다. 그 순간에 주어진 여러 가지 옵션들을 검토하고 개별 옵션들에 관한 결과를 미리 느끼는 시공간적인 여유를 말한다. 오랜 세월 수양을 하고 성찰한 사람들에게서 발견되는 정신적 특질이다.

2022년 우리 골프 인구가 564만 명으로 일본의 일본 골프 인구보다 늘었다. 필자는 골프에 소질이 없다. 그래도 보는 눈은 있다. 원래 바둑도 훈수하는 사람이 잘 보는 수도 있다. 골프채를 천천히 백스윙하고 볼을 타격하기 전에 매우 짧은 순간이 있다. 보통 아마추어들은 이 순간이 너무 짧아서 어떤 좋은 선택을 할 여유가 없이 몸에 체화된 습관이 시키는 대로 급하게 볼을 치게 된다. 그러나 프로는 0.1초의 짧은 순간에도 좋은 임팩트 방법을 선택할 수 있는 여유가 있다. 정신적 여유라는 것도 뇌 속에서 일어나는 찰나적인 판단의 순간에도 좋은 옵션을 택할 수 있는 여유가 있다는 뜻이다. 0.001초의 순간에도 몸과 감정이 요구하는 편하고 쉬운 옵션을 택하지 않고, 타인과 세상을 배려하는 진지한 옵션을 택할 수 있는 여유가 있다. 많은 시간 훈련을 통해 골프의 백스윙 탑에서 짧은 순간에도 볼이 눈에 들어오고 왼발에 무게중심이 이동할 수 있는 선택지가 보이는 것과 같다.

인생도 매번 짧은 순간이지만 그 상황에 주변과 가장 조화롭고 균형 잡힌 언행의 옵션이 뚜렷하게 보이고 그 옵션을 택할 수 있다면, 그 사람의 정신세계에는 여유가 있다고 볼 수 있다. 그런 사람은 마음의 여유가 없어서 얼떨결에 늘 부적절한 언행의 옵션을 택하고 후회하는 사람과는 달리 후회할 일이 점점 적어진다. 수양이라는 것은 살아가면서 마음의 눈에 보이는 좋고 나쁜 선택의 답안지를 짧은 시간에도 구분할 줄 알고, 상식에 맞는 옳은 답안지를 선택해서 행동하는 시공간적 여유의 힘을 키우는 것이다.

13

절대자의 힘

수잔 제퍼스는 《애쓰기를 멈추고 인생과 춤을 춰라, End the Struggle and Dance with Life》에서 요정이 동화 속의 주인공들을 언제나 도와주는 이야기를 한다. 어렸을 때는 만화나 동화속의 요정과 천사들이 일으키는 기적이 매우 실감 난다. 사람들은 성장하면서 어린 시절 동화책의 이야기를 꿈속의 이야기라고 관심을 끈다. 그리고 성인이 되어가면서 사방이 꽉 막히고 제한되고 어쩔 수 없는 현실에 부딪히게 된다. 마음껏 빛을 발하면서 날아다니던 요정은 더는 없다는 것이다. 그렇다면 인간에게는 어린 시절의 느낌은 잘못된 것이고, 단지 성인으로 사는 제한적인 삶과 느낌만 있는 것일까? 내가 내 주변의 삶을 어떻게 할 수가 없고, 정말 태어나서 나이 들고 병들고 고생하다 죽는 것이 인생일까? 과학자들이 연구한 바에 따르면, 히말라야의 산자락에 있는 네팔의 깊은 산속 사람들이나 태평양의 섬에 사는 사람들은 술과 담배를 마음껏 즐기고도 100세가 넘어서도 일을 하고 건강하다. 그들에게는 도시인이 걱정하는 혈당, 고혈압 콜레스테롤과 같은 건강지표가 외계인들의 소리로 들릴 뿐이다. 검사를 해본 적이 없다. 그런데 왜 장수하고 건강한지 질문해 본 결과, 공통적인 답변은 이렇다. 마음속에 분노, 짜증, 미움, 적개심과 같은 부정적 감정이 아예 없다고 한다. 또한, 이들은 거대한 자연과 우주를 지배하는 절대자를 믿는다. 이러한 우주적 신성이 자신들의 몸을 매일 새롭게 하고 활력을 준다고 믿는다. 어떻게 보면 그들은 늙어서도 아직 동화 속 천사와 요정을 믿고 있다. 그들에게는 아프다는 것은 비정상이다.

사람에게 보이지 않지만, 우주에는 중력이나 전기자기장, 강한 핵력 또는 약한 핵력과 같은 우주적인 힘이 존재한다. 최근에는 암흑물질과 암흑에너지가 우주의 팽창을 일으키고 있다고 추측한다. 문제는 과학이 알고 있는 이러한 모든 불가사의한 힘을 총괄하는 신적인 창조의 힘을 개인적으로 믿지 못하는 것이다. 필자가 보기에는, 과학은 법칙에 대한 믿음이다. 신이 우주의 법칙을 만들었기 때문에 과학은 신의 특성을 믿고 연구하는 것이다. 믿음은 과학이고 과학도 믿음이다. 과학은 눈에 보이는 세계에 대한 믿음이고, 신앙은 눈에 보이지 않는 세계에 대한 믿음이 차이라면 차이다. 공기, 전파나 에너지처럼 인간의 오감에 잡히지 않는 세계는 분명히 존재한다. 따라서 인간을 포함한 모든 생명체는 신적인 존재가 창조하였다고 보는 것이 논리적으로도 맞다. 그리고 그러한 창조주는 인간보다 훨씬 뛰어난 지성을 갖고 있다고 보는 것도 옳다. 다만, 신적인 존재와 인간의 존재 방식이나 작동 방식이 다를 뿐이다. 놀라운 점은 그런 우주적 지성과 힘이 개별 인간 속에서도 작동하고 있다는 사실이다. 그렇지 않다면 어떻게 우리가 매 순간 숨을 쉬고, 말을 하고, 음식물을 섭취 후 소화하고 살아있을 수 있을까? 우리의 몸과 정신 속에는 우리의 오감으로 이해할 수 없지만, 분명히 어떤 힘이 우리의 생명을 유지하고 있다. 하루에 심장이 12만 번씩 박동하고, 심장이 한 번 펌프질한 피는 약 1분 안에 모든 모세혈관을 연결하면 총 12만 km를 여행하고 다시 심장으로 돌아온다. 이러한 거대한 움직임을 일으키는 힘이 우리 속에 있지 않은가? 이런 힘이 우연이 아니라 어떤 지성에 의해서 움직이고 있다면, 피조물인 우리가 그런 힘을 늘 인식해야 하지 않을까? 우리의 존재가 우연이라면 우리는 언제든지 소멸할 수 있다. 그런 절대자의 힘에 비교해 본다면, 우리가 일상에서 느끼는 모든 걱정이나 슬픔, 아픔 등은 너무 사소한 것일 수도 있다. 우리가 그런 신적인 힘을 만들 수는 없다. 그러나 내 속에서 엄청난 힘이 작동하고 있다는 것을 느낀다면, 거대한 힘의 친구가 될 수 있다. 그런 엄청난 힘을 친구로 느낄 수 있다면 삶이라는 틀 속에서 일어나는 모든 잡념과 고통을 용광로 속에서 녹여버릴 수 있을 것이다.

14

새로운 나를 선택

몸이 아프거나 답답하거나 화가 나면 감정이 표출된다. 단, 우리가 표현하는 감정은 몸에서 무의식적으로 일어나기 때문에 우리의 이성적인 의식이 몸에 나타나는 감정 표현을 잘 모를 때가 많다. 그래서 남들은 내 표정을 보고 알지만, 자신은 스스로 무슨 말과 행동을 했는지 모를 때가 많다. 나도 모르게 행하고 기억도 못 하는 언행으로 다른 사람이 상처를 받는다. 또한, 직장에서 급하게 일을 해야 할 때는 복통이나 배고픔, 심지어 정신적인 괴로움까지도 잠시 억누른다. 문제는 자동적인 신체 반응인 감정을 자주 누르면, 나중에는 감각이 손상되거나 무디어져서 더욱 심각한 감정에 대해서도 잘 느끼지 못한다. 어쩌면 현대인의 가장 큰 문제는 타인의 감정 표현뿐만 아니라 자신의 감정 표현까지 잘 모른다는 것이다. 심리학자들에 따르면, 사람 말과 행동 대부분을 잠재의식이 지배한다. 사람이 성장하면서 반복적으로 배웠거나 경험한 모든 것들이 신경세포의 결합 상태로 이미 우리 몸에 체화되어 있다. 그것이 습관이다. 우리가 순간적으로 내리는 판단이나 행동 대부분은 이미 우리 속에 잠재된 신경 결합 패턴의 지시를 따르고 있다.

배가 고프지 않다가도 맛있는 음식을 보면 갑자기 식욕이 넘친다. 일단 인간의 시각, 청각, 미각, 후각, 촉각에 접수된 외부 정보는 몸속에 체화된 신경 패턴과 공조를 일으키면 과학적인 원리에 따라 반드시 작동한다. 가끔 인간이 의지의 힘으로 내면의 습관 패턴을 잠시 억누른다. 그러나 언젠가는 억눌렸던 패턴이 강화되어서 인간의 언행을 심각하게 공격한다. 망가진 날이나 멍청히 있는 순간이 찾아온다. 우리 속에 오랫동안 습관이라는 형태로 설치된 신경 패턴을 억지로 없앨 수는 없다. 유일한 방법은 새로운 인간상으로 자신을 변화시켜야 한다. 새로운 습관을 반복해서 길들이고 좋은 말과 행동을 배워서 영화를 촬영하듯이 자주 사용해야 한다. 노력해서 시험 점수를 올리듯이, 열심히 연습해서 수영을 배우듯이, 자신을 새로운 인간형으로 개조시켜야 한다. 조 디스펜자는 《브레이킹 당신이라는 습관을 깨라》에서 기존의 습관을 고치려면 새로운 신경세포 연결이 되도록 잠재의식을 변화시키라고 말한다. 잠재의식을 변화시키려면 우선 내 잠재의식에 어떤 나쁜 습관 패턴이 형성되어 있는지를 아는 것이 필요하다. 이름에서 알 수 있듯이 잠재의식은 무의식이라고도 불리며 의식적으로 쉽게 접근이 안 된다. 그래서 직접 잠재의식에 접근하기보다 나의 육체가 행동하는 습관이나 버릇의 패턴을 보고 잠재의식을 이해할 수 있다. 왜냐하면, 습관과 버릇은 잠재의식의 반복된 패턴이 몸에 나타난 결과이기 때문이다. 일단 나의 버릇을 이해하면, 잠재의식에 접근해서 새로운 습관을 만들기가 수월해진다. 물론 변하는 과정에서 상당 기간 아픔이 따른다. 인간이 컴퓨터와 근본적으로 다른 점이 바로 학습을 통해서 자신의 프로그램 패턴을 바꿀 수 있다는 점이다. 인공지능은 인간이 심어준 범위 내에서 학습을 통해 자신의 프로그램을 발전시킨다. 인간이 인공지능보다 우수한 점은 무슨 문제든지 생각할 수 있고 자신이 원하면 언제나 새로운 인간으로 탄생할 가능성을 가진 점이다. 지금 나의 선택에 따라 나는 미래의 지도자도 될 수 있고, 학자, 음악가 등 모든 사람이 될 수 있다. 단 한 번 지구에서 여행하면서 한 가지 일만 하는 것보다 다양한 사람으로 다시 태어나는 것도 나쁘지 않다. 영화배우들은 늘 다른 인생을 살아본다. 자신의 롤모델을 정하고 그 사람처럼 되기 위해 자신의 부정적인 습관과 버릇을 고쳐나가자. 언젠가는 자신이 변해있을 것이다.

15

과거와 미래의 교체

아인슈타인은 "과거와 미래는 정말로 환상이며, 모든 과거와 미래는 지금 여기에 있다"라고 언급했다. 양자물리학에서는 모든 과거, 현재, 미래가 순서대로 있는 것이 아니라 모든 시공간의 가능성이 양자 필드에 동시에 존재하고, 관찰자인 나의 선택에 따라 언제나 현실이 바뀔 수 있다고 한다. 중요한 점은 고정된 미래나 심지어 고정된 과거는 없다는 것이다. 누구나 실험해 볼 수 있다. 우선 미래를 살펴보면, 지금 내가 다음 순간에 무엇을 할지 선택하고 행동에 옮길 수 있다. 지금 내가 이 길로 갈 수도 있고 저 길로 갈 수도 있다. 내가 선택하는 다음 순간이 미래이다. 내가 남의 선택과 결정을 따르지 않고 매 순간 선택하고 행동에 옮김으로써 내가 미래를 바꿀 수 있다.

고정된 미래가 없다는 뜻이다. 남의 뉴스를 보지 말고, 자신만의 뉴스를 세상에 내보내는 것이 내가 미래를 만드는 것이다.

이제 과거를 살펴보면, 과거도 고정되어 있지 않다. 지금 나의 상태에 따라 과거의 의미가 바뀌고 새롭게 해석된다. 만약 내가 지금 대통령으로 당선되거나 올림픽 3관왕이 되면, 과거에 내가 태어났던 초가집이 명소로 바뀌고 방문객이 넘쳐난다. 심지어 올림픽 선수가 입었던 낡은 옷이 고가에 팔린다. 물론 유명인사가 안 된다면, 그 초가집이나 낡은 옷은 여전히 아무도 관심이 없는 초라한 과거의 흔적으로 남아있다. 내가 세상에서 소위 성공을 하면, 과거에 힘들었던 순간들도 지금의 영광을 위해 필요했던 연단의 과정이라고 재해석된다. 말하고 싶은 점은 우리가 흔히 과거나 미래를 바꿀 수 없다고 믿고 수동적으로 살아가지 말자는 것이다. 지금 내가 무슨 선택을 하고 또한 그 선택을 꾸준히 실천에 옮기면 모든 나의 과거가 재해석되고 동시에 내가 원하는 미래가 내 옆에 와있게 된다. 오직 내가 나의 삶과 시간, 공간을 선택하는 주인이다. 나의 삶을 대신 살아줄 존재는 없다. 과거나 미래도 지금 내가 어떤 결정을 하느냐에 따라 계속해서 의미만 바뀌는 것이 아니라 새로운 모습으로 내 옆에 다가온다.

16

좋은 생각하기

참으로 신비한 일이 있다. 사람들은 외부환경이나 다른 사람이 나를 괴롭히거나 핍박할 때는 즉시 저항한다. 그러나 내면의 생각과 기억이 우리를 괴롭힐 때는 굴복한다. 그렇다면 내면의 생각과 기억이란 무엇일까? 과거 우리가 경험했거나 배웠거나 유전된 사실들이 뇌의 기억 창고에 보관되어 시도 때도 없이 우리를 방문하는 현상이다. 우리가 하는 대부분의 생각이나 행동은 기억에 대한 반응일 뿐이다. 다시 말하면 내가 경험하거나 배운 것 외에는 우리는 새로운 것을 생각할 수도 없고 행동할 수도 없다. 마르쿠스 아우렐리우스 황제는 "아무도 그가 사는 인생 이상의 생을 잃지 않으며, 그가 잃는 생 이상을 살지 않는다는 것을 명심하라"라고 말했다. 기존 생각과 기억에 의존하지 않고 새로운 것을 생각하거나 행동으로 옮길 수 있다면 그것은 바로 창의적인 생각이고 행동일 것이다. 자신이 경험하지 못한 일을 생각하고 예측하는 사람은 천재이다. 누구나 새로운 상황에 마음을 여는 사람은 천재가 될 수 있다. 한편, 사람은 마음에 떠오르는 생각을 행동으로 옮기지만, 때로는 글을 써서 책에 남기기도 한다. 결국, 책이란 것은 한 사람의 생각이 글로 옮겨져 있는 것이다. 따라서 책은 사람이고 실제 사람보다 영향력이 클 수 있다.

우리는 보통 마음에 들지 않거나 나쁜 친구를 회피하지만, 나에게 나쁜 영향력을 미칠 수 있는 책을 너무 쉽게 받아들인다. 책뿐만이 아니다. 총을 맞고 피를 흘리는 영화나 드라마, 온갖 종류의 뉴스, 나쁜 외부환경 등 모든 것이 사람의 생각을 반영하고 있고 그것을 만든 사람의 분신이다. 나에게 해를 끼치는 사람이나 친구를 멀리할 수 있는 것처럼, 나에게 해를 끼칠 수 있는 책이나 드라마, 영화, 노래, 그림, 음식, 뉴스, 장소를 피해야 한다. 이 모든 것들이 나의 뇌 속에 있는 생각과 기억 형성에 미치는 영향력은 똑같다. 술을 마시고 담배를 피우는 것만이 몸을 망치는 것이 아니다. 외부의 생각과 영향력을 무분별하게 받아들이는 것은 위스키를 대야로 벌컥벌컥 마시는 것과 같다. 지금부터라도 분별력을 키워서 나의 기억 창고에 새로운 불순물을 더하는 외부적 요소들을 피해야 한다. 얼음이 깨질 빙판길을 가지 않고 돌아가는 것과 같다. 그렇다면 이미 형성되어 있는 나쁜 기억들과 생각을 어떻게 처리할까? 방법은 하나뿐이다. 만약 나를 귀찮게 하는 친구가 있다면, 대응하는 방법은 그 친구를 만나지 말고 다른 길로 돌아간다.

마찬가지로 내가 싫어하는 기억과 생각이 떠오르면, 바로 나쁜 기억 친구를 떠나고 나에게 도움이 되고 좋았던 기억을 불러낸다. 그리고 더욱더 좋은 방법은 나의 개인적인 기억과 무관하게 세상을 이롭게 하는 창의적인 생각을 만들어 내는 것이다. 매일 아침에 일어나면 오늘 나는 다른 사람들과 이 세상을 위해서 무슨 좋은 일을 할 수 있을까 생각해 본다. 그것도 반복해서 깊이 생각하면서 몰입 단계에 들어가는 것이 좋다. 끓고 있는 냄비 뚜껑을 잡아서 손을 데어본 경험이 있는 사람은 두 번 다시 뜨거운 뚜껑을 잡지 않는다. 마찬가지로 나를 해롭게 하고 힘들게 하는 생각은 뜨거운 냄비 뚜껑과 같다. 불안을 일으키거나 걱정되는 생각이 바로 뜨거운 솥뚜껑이다. 화마처럼 내가 한번 붙잡으면 기름을 부어주는 격이 되어 나뿐만 아니라 주변 사람들까지 태워버린다. 그런 생각 곁에 다시 가까이 가면 안 된다. 물론 부정적인 기억과 생각이 떠오르는 것은 막을 수 없다. 다만 내가 피할 수 있다. 바로 좀 더 기뻤던 일을 생각하거나, 용기를 주는 노래를 듣는다. 좋은 책의 구절을 읽거나, 아름다운 곳으로 산책을 하러 가거나 세상을 개선하는 창의적인 생각의 길로 들어서는 방법이다. 정신집중과 빈번한 훈련이 필요하다. 어려울 땐 입술을 한쪽으로 밀며 이를 살짝 깨무는 것도 도움이 된다. 자주 좋은 친구나 좋은 책, 그리고 좋은 영화를 보게 되면, 신경세포 속에 그런 결합이 강화된다고 한다. 가소성의 원리에 따르면, 그럴수록 자연스럽게 과거 나를 해롭게 한 나쁜 기억 세포의 결합들이 약해지거나 사라진다고 한다. 잔인한 장면이 담긴 영화나 드라마를 안 보는 것이 좋다. 우리 사회의 나쁜 소식을 매일 반복해서 알려주는 뉴스도 다이어트를 하자.

17

우뇌 회복

알려진 것처럼, 인간의 뇌에는 좌뇌와 우뇌가 각각 다른 역할을 한다. 뇌 신경과학자인 질 볼트 테일러는《나는 내가 죽었다고 생각했습니다》에서 좌뇌는 정보에 따른 논리적 사고, 개별적 자아감(에고), 부정적 이야기와 끝없는 재잘거림, 판단 및 언어 중추, 시간 및 공간 인식 기능을 한다. 반면, 우뇌는 공감, 감정이입과 몰입, 이미지 중추, 예술성 및 창의력, 시공간 및 판단력 부재, 현재의 풍요로움에 집중한다. 영국 출신으로 영성을 강조하는 작가 스튜어트 와일드의 인간 뇌에 대한 관점은 특이하다. 스튜어트 와일드에 따르면 인간도 원래 인지능력과 지성이 발전하기 전에는 여타 동물들처럼 주변의 위험을 인지하거나 뛰어난 육감 능력을 보유했다. 지금도 전화벨이 울리면 누구일 거라는 예측이 맞거나, 어떤 장소에 가기 싫거나 특정 사람을 만나기 싫은 느낌을 통해 안전을 확보하는 것은 우뇌의 역할 때문이라고 한다. 원시시대 이전에는 인간에게도 동물들과 같은 뛰어난 예지능력이 있었다. 인지능력과 언어의 발달로 좌뇌가 급격히 발달함에 따라 점차 우뇌의 기능이 축소됐다는 관점이다.

인간의 우뇌 기능을 예지력, 영감, 육감, 직관 등으로 표현한다. 인간이 논리적인 좌뇌와 영감적인 우뇌를 균형적으로 사용하는 것이 이상적이다. 현대인에게 쇠퇴한 우뇌 기능을 활성화하자는 것이 바람직하다. 역사적으로 보면, 인간의 양 뇌가 균형 상태에 놓인 시대가 B.C. 4~6세기였으며, 이 시기에 전 세계적으로 위대한 사상가들이 동시에 등장하였다. 소크라테스, 부처, 공자, 노자 등이 거의 비슷한 시기에 나타난 점이 이를 방증한다. 그 이후에는 이들과 필적할 만한 위인들이 같은 시대에 여러 명 나타난 역사가 없다. 그리고 영적인 교감이 강하게 작동하는 우뇌가 발전한 원시시대 이후 각 지역에서 다양한 종교가 탄생한 것과도 맥이 닿는다. 그러나 이후 인간의 지식과 지성이 발전하면서 점차 우뇌 기능이 쇠퇴하였고, 지금은 일부 천재들 외에는 대부분 논리적이고 지식에 기반한 좌뇌 기능에 의지하며 살고 있다. 좌뇌가 너무 발전하면, 기적도 믿을 수 없고, 신이나 영혼의 존재도 인정하지 않고, 감정 표현 능력도 약해진다.

특히 지난 30년간 급속하게 발전한 컴퓨터나 스마트폰, 인공지능은 인간의 좌뇌 기능을 더욱더 강하게 만들고 있다. 부정적으로 보면, 점점 인간 사고의 기계화가 진행되고 있다. 최근에 빈발하고 있는 존속살해 사건이나 지나친 이해관계 추구와 집단 간의 분리 등이 비정상적인 좌뇌 기능의 발달에서 연유하는 측면도 있다. 이대로 가다가는 영화 〈매트릭스〉처럼 알고리즘이 로봇화된 인류를 지배할 것이라는 유발 하라리 등 미래학자들의 주장이 현실화할 수 있다. 영화에서는 인공지능이 아직은 인간다운 인류를 지배한다. 지금은 인공지능의 지배를 돕기 위해 인류가 알아서 스스로 기계화되고 있다는 느낌을 지울 수 없다. 인류가 다시 포용력과 감성을 회복하고, 너와 나 속에 존재하는 영혼과 연민을 느끼고, 서로 공감하는 우뇌의 기능을 회복해야 한다. 자녀에게 지식 습득만을 강조하는 좌뇌 학습 대신, 사랑과 연민, 감정이입과 공감 능력을 회복하는 우뇌를 훈련해 주는 것이 부모의 역할이 되어야 한다.

18

역설적인 감정의 혼재

사람은 자신이 어떤 존재인지에 대해 막연하게 알고 있다. 어쩌면 다른 사람을 잘 모르는 것처럼 나도 나 자신을 잘 모른다고 보는 것이 옳다. 드라마나 영화, 소설 속 주인공의 독특한 행동이나 이상한 감정 표현을 볼 때, 감정이입을 통해 공감한다. 자신 속에도 주인공의 감정이나 행동의 가능성이 있다고 생각하기도 한다. 우선 감정이 무엇인지 살펴볼 필요가 있다. 감정은 우리가 어떤 생각을 할 때 호르몬이나 화학물질이 몸에 일으키는 현상이다. 성취감을 자극하거나 흥분하면 도파민 (Dopamine)이, 행복할 때는 세로토닌(Serotonin)이, 그리고 스트레스를 받거나 두려울 때는 코르티솔(Cortisol)이 분비된다. 마치 음식에 소금과 미원이라는 화학물질로 양념을 첨가하듯이, 나라는 음식이 어떤 기억이나 자극에 따른 생각을 하면, 반드시 감정이라는 양념이 따라온다. 감정이란 우리의 기억과 생각에 뿌려지는 화학조미료다. 만약 감정이라는 양념이 첨가되지 않는다면, 어떤 기억이나 미래의 사건도 몸을 긴장시키고 흥분시키지 못한다. 만약 어떤 생각을 할 때, 감정이 배제되고 사실만을 생각한다면 몸이 힘들 이유가 없다. 양념이 없는 음식이 맛이 없는 것과 같다. 음식에 양념의 양을 조절하듯이, 기억과 생각에 호르몬 양념을 조절하는 훈련이 필요하다. 우리 몸은 생각과 정신이라는 보이지 않는 재료로 음식이 만들어지는 식당이다. 만약 내가 어떤 기억이 일으키는 감정으로 너무 힘들면, "아, 내가 그 일에 너무 짠 양념(코르티솔)을 붓고 있구나"라고 자각하고 마음의 힘으로 호르몬을 조절하는 것이 필요하다. 요즘은 사람의 기본 감정을 분류해서 인공지능 로봇에 탑재하기도 한다. 분명한 것은 모든 사람이 인류라는 종으로 발전하면서 공유해 온 감정이 있다는 점이다. 칼 융은 인류의 공통 감정을 집단 잠재의식으로 여긴 것 같다. 또한, 인간은 나쁜 감정과 좋은 감정을 모두 갖고 있고, 이런 감정들이 자기 생각이나 주변 환경에 따라 자주 바뀐다. 언제나 착한 사람이나 언제나 악한 사람만 있는 것이 아니다. 모든 사람이 결점이 있다. 성선설이 옳으냐 성악설이 옳으냐 따질 필요가 없다. 인간은 선하기도 하고 악하기도 하다. 역사나 우리의 현실이 이 사실을 보여주고 있다. 20세기에만 인류는 전쟁을 통해 수천만 명 이상의 사람을 죽인 종이다. 동시에 아프리카나 빈민국가 사람을 돕고 있다.

나의 내면에 이 모든 감정이 나라는 존재를 형성하고 있음을 분명하게 인식하는 것이 나를 아는 것이다. 소크라테스가 "너 자신을 알라, 점검하지 않는 삶은 살 가치가 없다"라고 말한 것도 인간의 이런 실존 상태를 뜻한 것으로 이해된다. 왜냐하면, 인간은 자신에게 내재한 나쁘고 악한 감정을 억누르려고 하거나, 모른 체하거나, 다양한 중독에 의지해서 그러한 감정으로부터 도망가려고 하기 때문이다. 보통 사람들에게 혼재된 대표적인 감정들을 정리해 본다.

- **부정적인 감정들**: 두려움, 걱정, 불안, 의심, 분노, 적개심, 폭력, 오해, 이해 못 함, 불신, 복수심, 미혹, 착각, 내로남불, 험담, 탐욕, 편 가르기, 과식 욕구(특히 짜고 단 음식), 과음 욕구, 자만심, 불평, 불만, 비교, 판단, 억측, 추측, 책임 전가 등
- **긍정적인 감정들**: 사랑, 용서, 용납, 이해, 배려, 돌봄, 자선, 관용, 신뢰, 믿음, 평화, 화해, 희생 등

부정적인 감정도 아니고 긍정적인 감정도 아닌 감정이 있다. 바로 모든 인간은 중요한 사람으로 인정받고 싶은 감정이다.

사람이 옷을 멋지게 입는 이유가 상대에게 잘 보이려는 의도도 있다. 그러나 그보다 더욱 중요한 이유는 자신이 중요한 사람이라고 느끼고 위신을 지키고 싶기 때문이다.

　자신의 감정을 철저하게 검사해 볼 가치가 있다. 과연 내가 위에 기록된 인간의 공통 감정 패턴에서 어느 정도 자유로운지를 인식해 보는 것이 중요하다. 혹시 나는 그런 사람이 아니라고 믿고 있다면, 그러한 확신 자체가 미혹과 착각일 수 있다. 나의 뼈와 신경 속에 인간 공통의 감정들이 각인되어 있음을 완전하게 느끼는 것이 나를 정확하게 만나는 것이다. 지두 크리슈나무르티는《아는 것으로부터의 자유》에서 인간의 감정은 묘하다고 본다. 한 사람에게 평화와 폭력의 감정이 동시에 있다. 또 내가 화를 내거나 분노하는 것도 또 다른 폭력이며, 폭력적인 인간들이 모여서 폭력적인 사회가 형성되었다고 본다. 물리적 폭력보다 무서운 것이 정신적인 폭력이다. 그에 따르면, 세상을 평화롭게 만들려면 사회적인 혁명이나 제도와 정책의 개혁보다 더 중요한 것이 개인이 자신의 폭력성을 똑바로 인식하는 자세라고 한다. 한 개인이 인류의 일원으로서 세상 전체의 현상에 대한 책임을 져야만 하며, 그 첫길은 인간의 혼란스러운 본성을 정확하게 인식하는 것이라고 한다. 나의 폭력성이 지금 내 눈에 보이는 폭력적인 세상의 탄생에 기여하였음을 깨닫고, 남 탓을 하기 전에 지금부터 나의 폭력성에서 먼저 해방되어야 한다.

WALKING

WHILE

THINKING

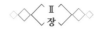

Ⅱ
장

인생에
대한
새로운 시각

19

무례한 상황의 유발자는 나

"아침에 일어나면 자신에게 이렇게 말하라. 오늘 내가 만날 사람들은 내 일에 간섭할 것이고, 고마워할 줄 모를 것이며, 거만하고, 정직하지 않고, 질투심 많고 무례할 것이다. 하지만 그들 중 누구도 나를 해칠 수는 없다"로마의 황제 마르쿠스 아우렐리우스(AD121~180년)가 《명상록》에서 한 말이다. 1,800년 전에 살았던 로마의 황제에게도 매일 만나게 되는 무례한 사람들이 큰 관심거리였다. 우리도 매일 무례하고, 불친절한 사람들을 만난다. 어쩌면 나도 타인의 관점에서는 무례한 사람일 수 있다. 길에서 다른 사람에게 길을 물어보거나, 가게에서 물건에 관해 물어볼 때 친절한 답변보다는 퉁명스러운 반응을 얻을 때가 종종 있다. 나는 아무 말도 안 했는데 상대가 일방적으로 불친절한 반응을 보이지는 않는다. 물론 예외가 있기는 하다.

특히 가까운 사람 간에는 나는 어떤 정보를 알고 싶어 상대에게 물어보는데, 상대는 그러한 질문을 객관적인 질문으로 받아들이기보다는 자신에 대한 간섭이나 심지어 지적으로 여기고 짜증을 내기도 한다. 예를 들어, 자녀에게 숙제를 마쳤는지 물어보면, 자녀는 마치 부모가 숙제를 안 했다고 지적하는 것으로 왜곡해서 받아들인다. 직장에서도 상사가 직원에게 팀 프로젝트가 어떻게 진행되고 있는지 궁금해서 물으면, 직원은 스스로 느린 진행에 대해 지적한다고 느낄 수 있다. 부모로서는 자신의 질문에 대해 자녀가 있는 그대로 대답하지 않고 과잉반응을 보이면 무례하다고 느낄 수도 있다.

사실 세상 사람들이 보이는 불친절하고 무례한 반응의 원인 제공자는 바로 나다. 왜냐하면, 내가 먼저 상대방의 입장을 난처하게 만들었거나, 상대의 일이 아닌 것까지 물어보거나, 추가적인 서비스를 요구해서 나타난 자연스러운 반응이 바로 불친절하고 무례한 답변이기 때문이다. 세상은 내가 지급한 값에 비례한 서비스를 정확하게 제공한다. 어디를 가건, "무슨 서비스가 이래, 그것도 못 해줘요"라고 하면, 당연히 퉁명스러운 반응이 온다. 처음부터 내가 당연히 고객으로서 받을 수 있는 범위 내의 일이나 서비스를 기대하면, 우수한 대접을 받을 수 있다. 어디를 가건, 상대방은 관심도 없는 불필요한 말을 하거나, 상대가 해줄 수 있는 범위를 초과하는 요청을 안 하는 습관을 들이는 것이 좋다.

내가 바쁘니까 빨리해 달라거나, 예외를 인정해 달라고 하면 안 된다. 그러면 안 된다는 답변이 돌아오고, 이어서 그것도 못 해주냐는 나의 반응이 추가되면, 거래의 본질과 무관한 갈등과 자존심 싸움의 소용돌이에 빠진다. 다른 사람들과 사이좋게 지내려고 친절한 말투를 쓰거나 미소를 지으려고 애쓰는 것은 바람직하다. 그러나 내가 원하는 물건이나 서비스를 제대로 받으려면, 그것을 제공해 주는 사람이나 장소를 정확하게 찾아가야 한다. 괜히 엉뚱한 곳에 가서 시간 낭비를 하고, 해당 없는 상대의 무성의한 답변에 기분 나빠할 필요가 없다. 내가 원하는 일을 담당하는 정확한 담당자를 찾는 것이 매우 중요하다. 평소에 무슨 일이나 대충대충 하는 사람은 언제나 정확한 부서나 장소를 못 찾고 엉뚱한 곳에서 시간 낭비를 하고, 결국 자신이 일으킨 무례를 맛보게 된다.

20
인생은 시한부 연극

유명한 뮤지컬을 보거나 멋진 연극을 보고 나면 진한 감동이 남는다. 출연한 배우들의 동작 하나하나가 눈에 띄고 심지어 숨을 쉬는 숨결마저 느껴지기도 한다. 사람들은 흔히 우리가 사는 세상을 커다란 연극의 무대라고 하고, 우리네 각자들의 삶을 연극배우들의 이야기라고 비유한다. 어떻게 보면 삶 자체가 연극보다 더 진짜 극적이기도 하다. 세계적인 코미디언이었던 찰리 채플린은 "인생은 가까이서 보면 비극이지만 멀리서 보면 희극이다"라는 유명한 말을 남겼다. 이런 말들을 종합해 보면, 인생이라는 것이 세상이라는 무대에서 약 80년이란 기간 동안 공연되는 연극적인 요소를 가지고 있는 것은 분명하다. 빅토르 프랭클의 말처럼, 세상이라는 무대에서 전개되는 각자의 이야기는 보는 관점에 따라서 그 의미가 달라질 수 있다. 셰익스피어도 "인생에 좋고 나쁜 것은 없고 생각하기에 달려있다"라고 본다.

살아가다 보면, 많은 문제가 발생한다. 그러나 실제와는 무관하게, 특정 사실이나 상황을 문제라고 규정하는 것은 우리의 뇌가 내리는 결정 사항이다. 만약에 뇌가 문제 상황을 문제라고 여기지 않는다면 문제는 없다. 사람들은 뇌의 즉흥적인 결정대로 너무 쉽게 주변 상황을 문제라고 여기는 데 익숙해져 있다. 그러나 문제라고 여겨졌던 상황들도 어느 정도 시간이 지나고 나면 아무런 문제가 아닌 경우가 많다. 결국, 문제가 아닌 것이 그 당시에는 문제처럼 여겨졌을 뿐이다. 법륜 스님의 책에서 읽은 내용이다. 남편이 매일 밤 잔뜩 술에 취해서 늦게 들어올 때, 대부분 아내는 그런 상황이 문제라고 여기고 화를 낸다. 그러나 반대로 술 취한 남편을 측은지심으로 대하고 불쌍히 여길 수 있다면, 남편의 귀가가 문제가 아니라 연민의 순간으로 바뀔 수 있다. 그런 예상 밖의 대접을 받은 남편은 이후에 일찍 귀가할 것이다. 술을 마실 돈으로 아내의 선물을 사 들고 올 것이다. 또한, 어떤 사람이 나에게 한 지적은 지금 나에게 문제가 될 수 있고 화가 날 수 있다. 그러나 만약 십수 년이 지난 후에 자신이 인생에서 성공한 원인이 그 사람의 지적을 극복해 보려고 애쓴 사실에 있었다는 것을 깨달을 수 있다. 그때쯤 되면 그 사람의 지적이 고마울 수도 있다. 암이나 심각한 질병에 대한 진단도 지금부터 나의 생활방식을 완전히 바꿀 수 있는 계기가 된다는 측면에서는 문제가 아니고 축복일 수도 있다. 지금처럼 계속 살다가는 일찍 죽을 수도 있지만, 암의 진단 때문에 오래 건강하게 살 수 있는 길이 열리기 때문이다. 그래서 "인생은 알 수 없고 오묘한 것이다. 끝나 봐야 알 수 있는 것이다"라는 말도 있다.

지금 내가 처한 시간과 공간상에서 발생하는 모든 일을 문제라고 여기는 습관을 바꾸는 것이 좋다. 이 우주에 영원히 고정된 문제라는 것은 없다. 과거에 우리나라가 너무나 가난하고 못 먹고 살았기 때문에 잘살아 보자는 욕구가 있었다. 지금은 단군 이래 제일 잘 먹고 사는 나라로 변한 것이 사실이다. 이제는 우리보다 못한 나라들을 도와주고 있다. 인생이 단기적으로는 희극일 수도 있고 비극처럼 보일 수도 있다. 그러나 언젠가 끝나게 되는 우리 삶의 종점에서 바라본다면, 과거 나에게 일어난 아픈 순간들마저도 꿈결처럼 느껴질 것이다. 결국, 어떤 상황이 좋다 나쁘다고 느껴지는 것은 그렇게 바라보는 내적 기준이 있기 때문이다. 늘 카멜레온처럼 변화하는 세상을 고정된 내적 기준으로 재단하기 때문에 행복과 불행이 발생한다. 지금 사람들이 입고 있는 옷이 옛날 사람들의 옷보다 더 멋지다고 느낀다면, 그것이 바로 편견이다. 지금 사람들이 타고 다니는 자동차가 옛날 사람들이 타고 다녔던 마차보다 더 발전한 것이라고 느낀다면, 그것 또한 착각이다. 왜냐하면, 옷이라는 것은 몸을 가리고 추위를 피하는 수단일 뿐이고, 자동차나 마차는 사람의 이동을 도와주는 장치일 뿐이기 때문이다. 어차피 사람의 수명은 정해져 있는데 어디든 빨리 가서 무슨 의미가 있을까? 빠른 자동차나 비행기를 자랑하면서 왜 다시 조용한 곳을 찾을까? 헨리 데이비드 소로는 《월든》에서 혼자 월든 호수가 오두막에서 살면서 생존에 필요한 것보다 더 많은 것을 추구하는 인간의 욕망과 망상을 지적하고 있다.

아무리 과학과 문명이 발전한다고 해도 인간은 하루 세끼 밥을 먹어야 하며, 170cm 정도 크기의 몸을 이동하며 살아야 한다. 게다가 슬픔, 기쁨, 행복, 불행을 느끼는 감정 시스템이 수천 년간 영 바뀌지 않는다. 인생이 희극이다, 또는 비극이라고 판단하는 것도 이성의 작용이라기보다는 감정의 작품이다. 만약 감정이 중립을 지킬 수 있다면, 우리가 인생에서 느끼는 수많은 문제가 별일 아닐 수도 있다. 감정이 판단하는 기준은 상당 부분 현실과 맞지 않는 면이 있다. 어떤 사람은 감정을 '사탄의 변호사'라고 심하게 표현한다. 감정은 인간에게 끝없이 무언가를 판단하라고 제안한다. 그렇지만 우리는 인생을 살아오면서 이제는 알 것 같다. 감정이 제안하는 대로 결정을 내리거나 행동을 했을 때는 실수할 때가 많았다는 것이다. 기쁜 순간은 그냥 기쁘게 받아들이면 된다. 그러나 우리에게 닥친 상황에 대해서 나쁘다 또는 불행하다는 판단이 들면, 그런 판단을 쉽게 믿지 말자는 것이다.

우리가 철통같이 믿고 있는 감정이라는 것은 사실 굉장히 제한적인 경험에서 형성된 것이다. 개인적인 감정의 능력으로는 늘 변화무쌍한 세상의 무게를 정확하게 판단하기 어렵다. 부정적인 판단이 들 때마다 구분할 수 있어야 한다. 지금 나의 판단이 감정적인 판단인지 아니면 완전히 객관적인 사실에 근거한 것인지를 구분해야 한다. 이 세상에 장기적으로는 좋은 것도 나쁜 것도, 그리고 행복한 것도 불행한 것도 없기 때문이다. "새옹지마"나 "한단지몽"도 이러한 세상의 덧없음을 말한다. 인생을 잘 생각한다는 의미는 모든 외부의 상황에 대해 즉각 흥분하지 않고 철저하게 객관적으로 판단하는 감정 훈련을 하자는 것이다. 연극배우는 무대에서 감정 표현을 하지만, 연극이 끝나고 나면 무대에서의 감정은 연출된 것이었음을 안다.

21

인생의 의미 만들기

사람의 시각은 오감 중에서 77%를 차지한다. 이어서 청각이 13%, 후각이 7%, 그리고 촉각과 미각이 나머지 3%를 차지한다. 이처럼 사람이 외부에서 입수하는 정보 대부분은 시각 정보에 의존한다. 그런데 눈이라는 시각 기관은 외부 사물이나 존재를 보고 알아차린다. 물론 눈을 통해 내 몸의 전면 가슴 이하 부분을 볼 수 있지만, 나라는 존재의 가장 중요한 부분인 실제 얼굴이나 나의 뒷모습을 볼 수 없는 구조이다. 거울을 통해서 간접적으로 볼 수 있다. 나의 실제 얼굴이나 뒷모습을 볼 수 있는 사람은 다른 사람이다. 우리는 자신의 얼굴을 볼 수 없고, 다른 사람의 얼굴을 볼 수 있다. 그래서 사람은 남의 허물을 쉽게 볼 수 있지만, 자신의 허물을 보기가 어렵다. 남의 문제를 전문가처럼 자문해 주지만, 내 문제를 해결하지 못한다. 타인의 행동을 관찰하면서 그 사람이 무슨 행동을 할지 예측하기는 쉽지만, 나 스스로 잠시 후에 무슨 행동을 할지 예측하기가 어렵다. 히말라야산맥을 등정할 때 기후가 시시각각 변하는 것과 같다. 잘 생각해 보면, 나라는 존재란 눈과 귀를 통해 접수한 외부정보를 분석하고 판단한 다음, 매 순간 나의 생존에 가장 유리한 결정을 내리고 행동하며 외부환경에 반응하는 생물체이다. 만약 내가 지금 사방으로 끝이 보이지 않는 사막의 한가

운데에 서있다면, 어떠한 외부정보가 없는 상태에서 아무것도 할 수 없을 것이다. 즉 외부 세상이란 사람에게 주어진 불가결한 촉매이다. 삶에서 외적인 자극이 없다면, 숨만 쉬고 있는 생물체에 불과하고 감긴 태엽이 풀릴 때까지 계속해서 움직이는 로봇과 다름이 없다. 그래서 사람은 직장이건, 단체건, 친구들이건, 동호회 건 자극을 주고 소속감을 느끼게 해주는 어떤 외적인 구조가 필요하다. 직장이란 돈을 벌기 위해서도 중요하지만, 직장이 주는 소속감도 무시할 수 없다. 실업 상태가 되면, 아무 데도 갈 수 없는 자신의 처지가 견디기 어렵다. 소속감은 개인을 집단 또는 군중심리에 매몰시켜 개인적인 고독감을 줄여준다. 또한, 제삼자에 대한 가십, 소문을 서로 나누면서 자신의 문제나 아픔을 잊게도 해준다. 문제는 자기가 소속한 그룹 사람이 아니면 일단 경계한다는 점이다.

젊어서는 그렇게 외부세계가 제공해 주는 집단의 가치를 나누면서 개인적인 가치를 모르고 산다. 그러나 중장년기에 접어들면서 눈도 흐려지고 귀도 멀어지게 되면, 외적인 일이나 사건이 주는 자극이 점점 약해진다. 이때부터 서서히 수십 년간 반복되는 일상의 외적 자극들이 중요성을 상실하고 무의미해지게 된다. 그러면 외부정보 수집을 담당했던 눈과 귀도 총명함을 잃게 된다. 주로 외부정보 분석을 담당했던 뇌가 할 일이 줄어들면서 인생 자체가 무의미하고 허무하다는 느낌을 일으킨다. 젊어서는 외부 자극이 주는 호기심과 궁금증이 나의 반응을 초래했다. 그러나 나이가 들면서 같은 경험이 주는 자극이 줄어들면, '이건 뭐지?'라는 의문이 든다. 만약 인생의 의미란 것이 늘 새롭고 신기한 외부 자극에 반응하는 것이라면, 새롭고 신기한 일이 줄면 인생의 의미가 없어지고 허무해지는 것인가? 그래서 사람들이 나이가 들어서도 끝없이 새로운 것을 탐구하고, 여행하고, 추구해 보려고 한다. 나이와 무관하게 늘 새로운 외부 자극만이 나의 반응을 유도해 내고, 그러한 자극-반응 구조 자체가 인생을 사는 의미를 준다는 인식이다. 그러나 나이가 들면서 늘 호기심을 일으키는 새로운 일을 찾기가 어렵다. 초등학생 시절에는 그 세계가 중요했고 전부였다. 그러나 성인이 되어서 다시 초등학생으로 돌아가라고 하면, 시시하고 유치한 놀이터로 돌아가 온종일 구슬치기와 딱지치기를 하라는 것으로 들린다.

나이가 들면서는 자신의 마음과 내면세계를 관찰해 보는 시간이 필요하다. 나의 마음을 관찰해 보고, 내가 스스로 무슨 생각을 하는지와 왜 자꾸 같은 기억이 떠오르는지 등에 대해 관조해 볼 필요가 있다. 외부 세상에 대한 눈과 귀가 흐려질 때는 내면세계로 눈과 귀를 돌려야 한다. 추억 속에 잠기는 것이 아니라, 내 속에서 흐르는 생각의 물결을 바라보며 반복되는 패턴을 발견해 본다. 어떤 생각이 과거 경험에 대한 되새김질이고, 어떤 생각이 신선한 영혼의 목소리인지 구분해 본다. 나의 눈과 귀의 방향을 나의 내부로 돌려서, 처음으로 나의 실제 마음 구조를 바라본다. 그러한 노력이 노년기에 삶에 의미를 부여해 준다면, 시도해 볼 가치가 있다. 인생에는 무엇이 됐건 관심거리가 있는 한 살아가는 의미가 있다. 무엇보다도 잊지 말아야 할 일이 있다. 우리는 이 지구라는 작은 행성에서 단 한 번 살다가 사라지는 존재임을 늘 기억하는 것이 바람직하다. 직장과 세상일에 몰두하며 살다 보면, 이 사실을 망각한다. 살아있는 동안 자신의 마음이 원하는 일을 모두 체험해 보는 것이 후회 없는 삶이다. 누구도 나에게 이렇게 살거나 저렇게 살라고 강요할 수 없다. 나는 나의 주인이며, 우주를 생각하는 신비한 존재이다.

22

심장의 소리 듣기

《총, 균, 쇠》의 저자인 재레드 다이아몬드는 다른 작품인《왜 인간의 조상이 침팬지인가》(원제는《제3의 침팬지》, 1992년 출간)에서 인간이 고릴라와는 2.3%, 침팬지와는 1.6%만 유전자의 차이가 있다고 설명한다. 거의 같다는 뜻이다. 그는 "만약 외계인 과학자가 인간을 본다면, 망설이지 않고 우리를 제3의 침팬지 종으로 분류할 것이다"라고 말한다. 그는 인간이 지금처럼 환경파괴와 수많은 동식물종의 멸종을 계속해서 일으키는 문명을 지속한다면, 인류의 장래가 어두울 것이라고 경고한다. 반대로 인간이 결국 자기 파멸에 이를 현재의 생활방식을 바꾼다면, 인류의 미래가 침팬지보다는 밝을 것이라는 방향 제시를 하고 있다. 인간이 침팬지와 가장 크게 다른 점은 이성을 사용하고 지식을 발전시켜 온 점이다. 보통 침팬지나 고릴라 등은 본능과 감정에 의존해서 살아간다. 인간의 발달사를 보면, 원래 인간도 수렵 생활 시절까지는 고릴라나 침팬지들과 유사한 집단생활을 하면서 주로 감정적인 행동 양식을 보였다. 그러나 인간의 인지능력이 크게 발달하면서 언어와 문자가 발명되었고, 동물에는 없는 지식을 바탕으로 하는 지성이 발달하였다.

필자가 보기에는 농경 사회 이후로 인간의 포유류 동물적인 감정이 억제되는 문명이 시작되었다. 대신 지식과 지혜가 많은 현자가 존경받기 시작했다. 명언은 넘쳐난다. 현자들의 좋은 말씀이 머리로는 이해되지만, 감정의 지배를 받는 몸으로 실천하기가 어렵다. 더 큰 문제는 좋은 말을 실천하기로 한 결심마저 자주 까먹는 데 있다. 특히 고대 절대 왕권과 신정정치 시대를 통해 인간의 지성은 물론 감정 표현은 더욱더 위축되었다. 비로소 14~15세기 이후 개화된 르네상스, 인본주의, 계몽주의에 이어 현재의 과학 시대에 이르기까지 인간 의식의 저변에는 절대 왕권과 중세 신성의 지배로부터 이성의 회복이 강조되었다. 억압된 감정의 해방에는 관심이 없었다. 과학이 발달하고, 심지어 감정을 자제하지 못하면, 미숙한 사람이라는 비난까지 받았다. 과거 우리 사회에서는 "감정적으로 생각하면 안 돼"라는 말을 쉽게 들을 수 있었다.

다양성과 상대성을 추구하는 20세기에 이르러서야 감정의 중요성이 주목받았고 감성지수도 개발되었다. 그러나 아직도 인류 문명에 경쟁이 지배하고 최대 이윤을 추구하는 자본주의 체제가 지속하는 한, 이성적이고 합리적인 판단이 선호되고 개인적이고 주관적인 감정은 대우를 받을 수 없다. 그림이나 음악, 시와 문학 등 예술 분야가 감정이 발현되는 통로로 활용된다. 특히 보통 사람이 가지고 있는 동물적인 감정은 늘 억제의 대상이다. 칼 융이 제시한 바대로, 사회적 가치에 어울리게 인간이 쓰는 수많은 페르소나라는 가면도 결국 그때그때 나타나는 개인적인 감정을 억누르고 사회적 소통 수단인 이성과 지성에 기반한 행동을 하는 결과이다.

폴 맥린이 제시한 삼위일체 뇌(Triune Brain)에 따르면, 인간의 뇌는 파충류의 뇌(본능), 포유류의 뇌(동물적 감정), 영장류의 뇌(이성과 지성)의 3단계로 발전해 왔다. 문제는 현재의 인간 사회가 아직도 인간의 뇌를 구성하고 있는 파충류의 뇌(본능)와 포유류의 뇌(동물적 감정) 요소를 철저히 억제하는 점이다. 영장류의 뇌(이성과 지성)만 일방적이고 지속해서 발달하다 보니 머리만 커지고 있다. 원래 C자형인 목뼈가 자꾸 고개를 앞으로 숙여서 휴대전화기와 컴퓨터를 보다 보니 일자로 펴져서 일자목이 되고 있다. 일자목이 긴장성 두통을 일으킨다. 필자도 최근에 머리가 쿡쿡 쑤시는 심한 긴장성 두통을 경험했다. 이후로 자주 목 근육의 긴장 해소에 신경을 쓴다. 인간의 본능과 감정이 억제되다 보니, 거짓말의 증가와 개인적 고립감, 외로움, 1인 가구의 증가가 지속하고 있다. 데이비드 리스먼의 《고독한 군중》(1950년 출간)에서 현대인의 고립감을 분석했다. 타인에 대한 불신감이 늘어나고, 대면 접촉을 기피하고, 급기야는 비대면 접촉과 가상현실 문화가 강화되고 있다. 원래 감정 표현이 억제되는 상황에서 가상현실 환경의 확대는 더욱더 사람 간의 감정 교환 기회를 박탈한다. 최근 스토킹, 어린 자녀나 존속 학대 등의 사건 증가도 인간의 감정 억제 문화에서 기인하는 측면이 일부 있다.

철학자나 문학자들은 뇌를 인간의 이성과 지성의 상징으로 보고, 심장을 인간 감정의 상징으로 여긴다. 그리고 물질적 풍요 속에서 역설적으로 인간이 외롭고 불행한 이유를 너무나 지성적인 판단에만 의존하기 때문이라고 생각한다. 수천 년간 억압된 인간의 본능과 감정을 회복해야만 현재 다수의 인간이 겪는 고립감, 우울감, 불신, 불안, 심지어 결혼 회피 등을 극복하고 건강한 사람으로 다시 태어날 수 있다. 늘 감정을 숨기고 매사에 안 그런 척하고 살면, 너무 많은 에너지가 낭비된다. 인간으로서 진지한 인생을 살지 못하고, 매일 무의미한 나날이

회전목마처럼 반복된다. 산에 오르고, 러닝머신 위에서 운동한다고 해결되는 것이 아니다. 어려서부터 감정 표현을 못 해본 사람은 성인이 되어서도 어떻게 자신의 마음을 표현할지를 모른다. 이상이 〈날개〉에서 "박제가 되어버린 천재를 아시오"라고 첫 문장에서 질문하였고, 마지막에 날개가 돋기를 염원한다. 카프카의 《변신》에서는 주인공 그레고르가 벌레로 변한다. 이런 모습은 20세기 초반의 글들이다. 이들은 감정이 억제된 무기력한 인간이 인간 이전의 모습으로 역진화하려는 시도로마저 느껴진다.

감정을 회복하고 다른 사람들과 만나면서 살아야 진정한 인간으로 사는 것이다. 늘 머리로만 생각하는 습관을 고치고, 자주 심장으로 느껴보는 시간이 필요하다. 하루에 한마디라도 주변 사람들에게 따뜻한 말을 건네보자. 인간이 얼마나 감정이 메마르고 힘들면, 수십 년 전에 나를 알아준 지인의 따뜻한 말 한마디가 평생 생각이 날까? 부자도, 권력자도 혼자 있으면 늘 외롭다. 외로움을 피하려고 늘 일에 파묻혀 산다. 하지만 억압된 감정의 과거는 틈만 나면 떼로 몰려온다. 인간의 본성과 감정을 억누르고 이성과 지성에만 의존하는 삶은 기형적이다. 물론 잘 생각하며 살기 위해서는 냉철한 이성적인 자세가 필요하다. 그러나 이성과 감정의 균형적인 발전이 더욱 중요하다. 뇌에서 심장까지 거리는 15cm라는 멋진 표현을 들은 적이 있다. 심장으로 느끼고 심장의 목소리를 들으며 살자.

23

프랙털 구조와 인생

———

프랙털 구조라는 말이 있다. 프랙털 구조는 자신 속에 자신과 같은 모양을 계속해서 포함하고 있는 상태다. 자기 유사성을 갖는 기하학적 구조이다. 예를 들어 삼각형 안에 더 작은 삼각형을 그릴 수 있고, 계속해서 작은 삼각형을 끝없이 그려 나갈 수 있다. 러시아의 민속 인형인 마요르카 인형은 양파 껍질처럼 속을 열면 계속해서 더 작은 마요르카 인형들이 들어 있다. 어떻게 보면 인간을 포함해서 모든 우주 만물은 프랙털 구조이다. 프랙털 우주론에 따르면, 극미의 입자 속에 우주적인 구조가 있다. 대우주가 계속해서 소우주를 품고 있는 형국이다. 인간 세포 속의 원자 구조를 보면, 원자핵을 중심으로 전자들이 궤도를 따라 돌고 있는 것이 마치 지구나 화성이 태양을 중심으로 태양계를 돌고 있는 것과도 같다. 세포를 움직이는 세포 골격의 모습, 뇌 속에 있는 신경세포 간 연결망의 모습, 버블 우주로 불리는 수천억 개 은하계 간 연결망의 모습은 크기는 다르지만 모두 비누 거품 구조와 유사한 모양이다. 이처럼 우리 눈이나 현미경 또는 망원경에 보이는 물질세계는 본질에서 큰 세계가 계속해서 같은 구조의 작은 세계를 포함하고 있는 프랙털 구조이다.

한편 기하학적인 물질 우주뿐만 아니라 인간의 정신세계도 그러하다고 볼 수 있다. 인간이 태어나서 단 한 번 살거나 단 한 번 죽는 것이 아니다. 우리의 삶은 세월 속에서 큰 삶이 작은 삶을, 큰 죽음이 작은 정신적인 죽음을 계속해서 포함하고 있는 구조이다. 한번 태어나서 일정 기간 계속해서 살다가 갑자기 죽는 구조가 아니다. 매일매일 다시 태어나고 매일매일 다시 죽는 구조이다. 다만 어제의 작은 삶은 오늘의 더 큰 삶에 포함되어 있고, 오늘의 작은 죽음은 내일의 더 큰 죽음에 포함되어 있다. 오늘의 작은 생각이나 정신도 내일 좀 더 큰 생각이나 정신으로 태어난다. 그러다가 우리가 이 지구를 떠날 때쯤이면, 마요르카 인형처럼 육신의 삶은 점점 줄어든 모습이고 반대로 정신적인 죽음은 점점 더 커져있는 모습으로 다가온다.

필자가 가끔 상상하는 비유이다. 우리의 눈에 보이는 세상은 사실 나의 밖에 있는 것이 아니라 우리의 뇌 속에서 상영되고 있는 홀로그램 우주 영화일 수도 있다. 나의 뇌가 바로 우주 전체의 크기와 같고, 나는 뇌만 가진 우주 크기의 거인이다. 뇌 속에서 상영되는 자신의 영화를 보면서 외부세계가 있다고 믿고 있는지도 모른다. 물리학자 김상욱은 《떨림과 울림》에서 우리 눈에 보이는 우주는 우리 뇌 속에서 해석된 영화 같은 모습이고, 실제 우주는 아무것도 보이지 않는 울림과 떨림의 세계라고 추정한다. 그렇다면 지금 나의 몸도 뇌 속의 영화에 등장하는 캐릭터일 뿐이다. 인간과 우주의 기원에 대해 많은 주장이 있다. 어느 주장이 옳은지 알 수 없다. 그냥 세상과 우주를 이해해 보려는 시도로 참고만 한다. 절대적인 존재가 우주를 창조했고 지금도 피조물의 삶에 관여하는 창조론, 절대자가 우주를 창조는 했지만, 마치 시계공이 시계를 제작한 다음 태엽을 감아놓고 멀리서 관찰만 한다는 계몽주의적 신관, 중립적인 우주 에너지가 조화를 부린다는 음양오행설이나 기 철학, 무한한 힘을 가진 우주적 지성과 주파수를 맞추면 내가 원하는 것이 이루어진다는 19세기 말 미국에서 태동한 신사고나 아류(끌림의 법칙, 《시크릿》 책 등), 단순 세포가 진화를 거듭해서 고등동물로 발전했다는 진화론, 인간이 유전자의 지배를 받고 있다는 유전자 주인 이론(리처드 도킨스), 모든 만물은 에너지가 변화된 상태라는 이론(아인슈타인의 특수 상대성이론: 에너지=질량 × 광속의 제곱), 128억 년 전에 완두콩 크기 초고밀도 상태의 어떤 존재가 현재 크기의 우주로 팽창했다는 빅뱅 이론, 양자장 속에 모든 현실의 가능성이 공존한다는 양자물리학, 인간의 선택 때문에 현실이 창조된다는 디팩 초프라의 참여 우주론 등이 있다.

어떤 주장도 인간의 오감으로 확실하게 알기가 어렵다. 왜냐하면, 알고자 하는 대상이 인간 오감의 차원을 넘어서서 존재하고 있기 때문이다. 인간의 오감은 눈에 보이는 3차원 물질세계에 특화되어 있어서 더 큰 차원의 프랙털 구조의 존재를 인

식할 수 없다. 아무리 과학이 발달해서 은하계 끝까지 간다고
해서 물질적인 접근으로는 다음 단계의 양파 껍질 속 세계를
알 수 없다. 모든 것이 모든 것을 포함하는 프랙털 구조나 홀
로그램적인 인식이 필요한 이유이다. "신을 발견한 사람은 더
는 신에 대해 논쟁하지 않는다"라는 말이 있다. 평화를 발견한
사람은 더는 핵전쟁을 두려워하지 않는다. 진정한 우주적인
건강을 발견한 사람은 병을 두려워하지 않는다.

24
인간 사용법

당신은 당신이 누구인지 아십니까? 또한, 당신은 당신의 사
용법을 아십니까? 전자 기기를 사면 사용 안내서가 있다. 그런
데 인간은 새로 이 세상에 태어난 이후에 나에게 맞는 사용법
을 모르고 산다. 그저 가정이나 학교에서 받은 평균적인 안내
서가 있을 뿐이다. 나는 세상 사람과 다른 사람이기 때문에 나
에게 맞는 인생 사용법이나 인생의 지도가 필요하다. 라디오
에서 원하는 채널을 맞추면 소리가 잘 나온다. 채널이 고정되
지 않고 이동할 때에는 잡음이 나온다. 인생도 마찬가지다. 내
가 누구인지 모르고 나에게 맞는 인생의 사용법이 없다면, 걱
정과 고민 갈등과 긴장이라는 잡음 속에서 살게 된다. 평화로

운 마음이나 차분한 마음이 나에게 맞는 주파수를 찾은 상태다. 흔히 우리는 자신을 잘 안다고 생각한다. 그러나 잘 살펴보자. 우리가 하는 말이나 행동 표정 중에 상당 부분은 우리가 의식하지 못한 상태에서 표출된다. 내가 어떤 말을 왜 하는지도 모르면서, 다른 사람이 나의 말을 이해하고 동조해 주기를 바라는 것이 인생이다.

사람은 어떤 말이나 행동을 하기 전에 점검하는 것이 아니고, 이미 행한 이후에 사후적으로 합리화한다. 거짓말과 합리화하는 기술이 매우 발달하여 있다. 심지어 이성이란 인간의 무분별한 감정적인 행동을 사후에 합리화하는 특별한 감정이라는 주장도 있다. 그래서 "나는 그런 뜻으로 말한 것이 아니었다"라고 반박한다. 또한, 인간은 자신의 언행을 지배하고 있는 감정의 실체를 모른다. 다만 몸속에서 어떤 화학작용이 일어난다고 믿는다. 그렇게 믿는 것이 편하다. 다른 사람이 화를 내면, 당장은 나는 마치 언제라도 화를 내지 않는 사람인 것처럼 반응한다. 한참 후에 격노한다. 길을 걷다 가도 건널목에서 지나가는 자동차가 잠시라도 교통법규를 위반하면 화를 낸다. 반대로 내가 운전을 할 때는, 행인이 교통법규를 위반한다고 화를 낸다. 이렇듯 인간의 감정이라는 것은 언제나 고무줄처럼 늘어났다가 줄기를 반복한다. 굉장히 편리한 수단이다. 언제나 자신은 정의롭고 남의 행동은 정의롭지 않다는 것이 출발점이다.

그리고 멋진 양복을 입고 거울 앞에서 자신을 볼 때는, 자신이 다른 사람들에 비해서 평균 이상으로 근사한 사람이라고 믿는다. 그러나 외모나 모습만으로는 근사한 사람이 될 수 없다. 말보다는 그 사람이 하는 실제 행동이 중요하다. 내가 나의 행동을 평가하는 것이 아니라, 주변의 사람들이 나의 행동을 보고 평가한다. 스스로 자신을 근사하다고 생각하는 것은 착각이다. 문제는 나의 행동을 옆에서 보고 평가해 줄 사람이 없다는 점이다. 비대면 문화와 가상현실이 늘어나고, 1인 가족이 늘어나고 있는 것이 현실이다. 주변 사람의 행동을 마치 내 일처럼 평가해 주는 사람이 점점 줄어든다. 그래서 혼자 자꾸 스마트폰에 있는 거울을 보는 횟수가 늘어나고, 스스로 자신을 판단해 보려는 시도가 늘어난다. 거울을 보지 말고 차분하게 앉아서 나의 말과 행동 습관을 점검해 보는 것이 중요하다.

사람들은 감정을 이겨보려고 한다. 그러나 병원에 가서 수술할 때 마취제를 맞으면 바로 의식을 잃는 것처럼, 사람의 감정을 일으키는 호르몬이나 화학물질의 힘은 매우 막강하다. 사람의 의지로 직접 감정을 이길 수는 없다. 다만 감정을 억누르거나 회피할 뿐이다. 감정을 이길 수 있고 나의 언행을 조절할 수 있는 유일한 방법이 있다. 나에게 인생의 의미를 부여하는 절대적인 가치를 세우는 방법이다. 크리슈나무르티는 《아는 것으로부터의 자유》에서 "뇌 속에서 폭탄 같은 정신혁명이 일어나야 한다"라고 말한다. 진정으로 내가 하고 싶은 것을 찾아서 그것을 이루기 위한 가치에 자신을 완전하게 매몰시켜야 한다. 진리를 찾는 과정에서 크리슈나무르티는 "밖으로부터 아무리 양파 껍질을 하나씩 벗겨 들어가도 양파 속 핵심에 이르면 아무것도 없는 것처럼 전통적인 방법으로는 진리에 도달할 수 없다"라고 본다. 그런 식으로 하나씩 하나씩 단계적으로 접근하는 방식은 효과가 없다. 대신 내부로부터 진리가 스스로 터져 나올 수 있다고 본다. 지난 수천 년간 발달해 온 인간의 문명이나 과학이 인간의 감정 다루는 방법을 해결해 주지 못하고 있고, 끝없는 전쟁의 먹구름도 지워주지 못하고 있다. 무슨 이유인지는 모르지만, 이제는 인간의 감정 체계가 심각하게 고장 나있음을 인정해야 한다. 아무리 인공지능이 발달하고 스마트폰이 발달해도, 서로 증오하고 미워하고 오해하고 싸우는 인간의 감정 체계가 바뀌지 않는 한, 인간의 정신 상태는 건강해질 수 없다. 아무리 바쁘게 살아도, 단 한 번뿐인 인생을 거짓말로 살 수는 없다. 최소한 자신이 가면을 쓰고 거짓말을 하고 살아가고 있다는 사실을 알아야 한다. "믿음, 소망, 사랑 중에서 사랑이 제일이다"라는 말이 있다. 또한 "사랑과 선함이 신의 속성이다"라고 한다. 사랑과 선함의 가치관만이 미쳐 날뛰는 감정을 이길 수 있는 인간의 무기다.

직접 실험해 볼 필요가 있다. 오늘부터라도 주변에 있는 모든 사람에게 진실로 사랑하고 아끼는 마음으로 대한다면, 지금까지 몰랐던 새로운 밝은 세계가 열릴 것이다. 더는 나도 잘 모르는 나의 의견을 남이 동조해 주기를 바라지 말자. 더는 내 생각만이 정의롭다고 생각하지 말자. 나와 다른 환경에서 성장해 온 다른 사람이 나와 다른 생각을 하는 것은 지극히 당연한 일이다. 다름을 틀린다고 여기면 안 되고, 매사에 다름을 기대하는 것이 필요하다. 옳고 그름을 따지지 말고, '당신의 의견이 옳다'라는 자세로 살아야 한다. 모든 생명체에 대해 친절하게 대해주는 가치관을 세워야 한다. 우리가 이 세상에 존재하는 이유는 나를 사랑하고 너를 사랑하고 잘못도 눈감아 주고 측은지심의 마음으로 이 세상을 빛으로 채우기 위한 것이다.

25

디지털 문명에의 종속

과학이 발달하면서 점점 인간을 닮아가는 인공지능 로봇이 개발되고 있다. 문제는 그러한 첨단 로봇이나 휴대전화기를 종일 사용하는 사람들에게 자신도 모르게 로봇과도 같은 습관이나 성격이 형성된다는 점이다. "로마에 가면 로마법을 따르라"라는 말에서 유추되는 것처럼, 인간은 자신이 살아가는 주변 환경이나 문화의 지배를 받게 된다. 그래서 "친구 따라 강남 간다"라는 말도 있다. 반대로 맹자의 어머니는 맹자가 나쁜 성장환경에서 영향을 받지 않도록 환경을 바꾸어서라도 좋은 교육환경을 만드는 "맹모삼천지교"라는 교훈을 남겼다. 현대인들은 지금 자신이 무분별한 디지털 환경으로부터 어느 정도의 심각한 영향을 받고 있는지 생각 자체도 안 하고 바쁘게 살아간다. 그저 전자파의 위험성 정도를 생각하지만, 인공지능과 로봇의 영향으로 창의적인 인간성 자체가 줄어들고 있음을 잘 모른다. 인간의 정신은 사용하면 할수록 발달하고 반대로 외부 기계에 의지하면 할수록 퇴화한다. 계산기와 내비게이션이 편리하고 빠른 안내를 제공해 준다. 인간 스스로 계산능력이나 길 찾는 힘을 점점 쇠퇴하게 만든다. 더 심각한 문제는 인공지능 필터로 걸러진 내가 선호하는 정보에만 노출되게 되는 점이다. 단편적인 정보를 벗어나 종합적이고 큰 그림을 이해할 수 있는 판단력도 점점 줄어들게 된다.

기계의 인간화가 조용히 인간의 로봇화라는 생각지 못했던 부정적인 현상을 일으키고 있다. 인간이 매사에 깊이 생각하지 않고 로봇처럼 반응을 보인다. 로봇화된 대중은 점점 권력을 가진 세력들에 의해서 조종을 받게 될 가능성이 커진다. 이미 90여 년 전에 올더스 헉슬리의 《멋진 신세계》(1932년 출간)나 조지 오웰의 《1984년》(1949년 출간)에서 고도로 발전한 기계문명이 인간을 어떻게 통제하는지 잘 묘사하고 있다. 니체가 "인간이 가장 가축화된 동물이다"라고 말할 때만 해도 인간이 개성을 상실하고 조직화하고 제도화된 아날로그 사회의 영향력 아래에 놓여있다는 점이 강조되었다. 그러나 지금은 인간

의 상상력을 뛰어넘는 인공지능과 디지털 컴퓨터의 발달로 물
밑에서 점점 인간의 행동 양식의 기계화, 로봇화가 진행 중임
이 사실이다. 무엇보다 인간이 자신의 편리를 위해 개발한 인
공지능 로봇의 지배를 받기 시작하였음을 인식하는 것이 중요
하다. 구글에서 일한 미래학자 레이 커즈와일이나 혁신 기업
가인 피터 디아만디스는 인공지능의 지배 시대가 얼마 남지
않았다고 전망하다. 인공지능이 인간 전체의 지능을 뛰어넘는
시기가 원래 2045년에서 2035년으로 10년 앞당겨질 것으로
전망한다. 그 시기를 특이점(Singularity)이라 부른다.

인공지능이 사람의 업무 양식, 사회적 태도, 뉴스, 광고, 상
품, 내비게이션 등 대부분 일상을 지배하고 있다. 우선 내가 어
느 정도 디지털 문명의 지배를 받고 있는지 알기 위해서 자기
점검을 해볼 필요가 있다. 필자가 만들어본 인간의 로봇화 자
기 점검표이다.

- 내가 보낸 문자나 카톡에 대한 상대의 답신을 얼마나 자
  주 확인하고 있는지
- 하루에 몇 시간 동안 휴대전화기를 사용하는지 시간
- 남이 잘해주면 웃고, 남이 실수하면 상황에 대해 이해를
  해보려고 하지 않고 무조건 화를 내는 빈도
- 남이 하니 따라 하는 빈도
- 상사가 시키면 정당하지 못한 일 또는 위법한 일도 하는

지 아닌지

- SNS상에서 팔로우 숫자나 '좋아요' 숫자에 따라 기분이 바뀌는 정도
- 옆에 있는 아름다운 사람을 보지 못하고 텔레비전이나 영화 속에 가공된 유명한 사람들에게만 관심을 두는 정도
- 유행에 맞게 살지 못하면 고통스러운 정도
- 내비게이션이 없으면 길을 찾기 어려운 정도
- 사람들과 대화 시 감정 표현이 어눌한 정도
- 전화 통화가 불편한 정도

만약 상기 점검표에서 높은 점수가 나타나면, 자신이 이미 디지털 문명에 상당한 수준으로 지배받고 있음을 깨닫고 인간성과 창의성 회복에 애를 쓰는 것이 필요하다.

26

인간의 죄성과 고통

모든 종교나 철학은 인간의 고통에 대해 여러 관점을 제시한다. 세상의 아우성을 들으면, 고통이 인생의 본질에 속한다는 사실이 실감 난다. 심지어 이곳이 지옥이라는 주장도 있다. 귀여운 갓난아기로 태어난 인간이 왜 그렇게 고통스러운 삶을

사는지 이해가 어렵다. "인생은 고해다"라는 불교의 가르침이 있다. 마크 맨슨은 《희망 버리기 기술》에서 고통이 인생의 상수라는 시각을 가지고 있다. 인간을 성선설의 관점에서 보는 시각도 있지만, 순자는 "인간의 본성이 악하다"라는 성악설을 주장했다. 성경에서는 인간의 원죄가 세상에 고통을 초래한다고 본다. 왜 인간에게 원죄가 있는지에 대해 에덴동산의 선악과 사건을 이유로 든다. 하나님과 인간의 분리 자체가 죄로 여겨진다. 흔히 말하는 살인, 도둑질, 거짓말, 폭행은 인간의 죄성이 단지 외부로 표현된 범죄들일 뿐이다. 비록 지금 사회적 관점에서의 범죄를 짓지 않는 사람도 마음속에 죄성이 있기에 언제든지 여건이 허락하면 죄를 범할 수 있다고 한다. 요즘에는 대부분 영화가 매우 잔인한 장면을 아무런 거리낌 없이 보여준다. 과거 전설의 고향에 나오는 소복의 귀신은 오히려 소박하게 느껴질 정도다. 뉴스 매체들도 인간의 잔악한 행동에 대한 소식을 경쟁적으로 전달한다. 알 권리도 중요하다. 악행의 전파 자체가 자녀들의 교육에 모방심리와 죄에 대한 둔감이라는 나쁜 영향을 미치는 것을 고려하지 않는 것 같다. 이처럼 인간의 본성에 죄성이 각인되어 있다면, 인간이 하는 생각과 행동은 다양한 죄를 포함한다. 만약, 인간이 원래 악하고 죄의 마음으로 가득 차있다면 구체적으로 죄가 어떻게 표현되느냐가 중요하다. 살인, 폭행, 사기, 거짓말이 범죄라는 것은 쉽게 이해가 된다. 그러나 죄성을 거룩함이나 고귀한 가치에 대한 대척점에서 본다면, 죄의 범위가 크게 넓어진다. 거룩하지 못한 생각이나 행동은 모두 죄성의 발로라고 볼 수 있기 때문이다. 타인에 대한 질투, 시기, 조급함, 오해, 억측, 비방, 분노, 화, 탐욕, 증오, 험담, 배반, 무시, 교만 등 인간의 대부분 생각과 언행이 죄성의 표현이자 씨앗에 해당한다. 살인하고 도둑질하는 사람만 죄인이 아니다. 모든 경건하지 못한 생각과 말, 행동은 죄인이라는 관점이다. 실제 살인이 아니라도 말만으로도 사람을 죽일 수 있고 정신적으로 병들게 만들 수 있다. 오늘날은 더욱더 그렇다. 고통스러운 세상에서 사람들이 점점 더 참을성을 잃어간다. 자신이 보낸 문자나 메일을 상대방이 바로 읽지 않거나, 신속하게 답장을 해주지 않으면 계속해서 수신 여부를 체크하고 상대를 오해한다. 심지어 그 사람과 관계를 끊을 것까지 생각하는 때도 있다. 주변 사람의 말을 잘못 알아듣고 혼자 그릇된 속단을 한다. 이처럼 매일 사소한 일들에서 억측과 오해, 분노가 발생한다. 뉴스를 보면, 한 사람만 그런 것이 아니라 많은 사람이 그렇게 살아간다. 고통이 고통을 양산하는 악순환의 세상이다. 그렇다면 의문이 든다. 인간이 원래 거룩한 존재가 아니고 악한 존재인가? 각자가 자신에게 던져볼 질문이다. 나는 하루에 얼마나 오랜 시간을 내 생각, 말, 행동을 통해 인간관계에서 억측, 배척, 편 가르기, 오해, 분노, 증오, 비방, 험담, 배반에 사용하는지 점검할 필요가 있다. 외적인 범죄는 사회가 처벌을 내린다. 그러나 인간의 마음속에 잠복해 있는 죄성의 씨앗들은 눈에 보이지 않는다. 드러나지 않는 한 사회적 처벌 대상이 아니다. 그러나 본인 스스로가 이러한 내면의 악한 생각도 죄성으로 받아들이고 각성하는 기회로 삼으면 세상의 고통이 훨씬 더 줄어들 것이다.

27

신공 지능(Divine Intelligence)과 영혼

데카르트는 인간의 신체를 물질로 여기고 과학 법칙이 적용될 수 있다고 보았다. 대신 인간의 정신을 신의 영역이며 물리적 법칙으로는 다룰 수 없다는 '심신 이원론'에 맡겼다. 그런데도 그는 송과선이라는 두뇌 속 기관을 통해서 정신과 육체가 상호관계를 맺고 있다고 암시함으로써 완전히 독립적인 정신과 육체라는 이원론을 스스로 부정한다. 그러한 불충분한 정신과 육체의 이원론이 근대 과학과 심리학에 지대한 영향을 미쳐왔다. 또한, 데카르트 이후 지금까지도 비물질 현상인 정신, 영혼, 마음이 하나의 영적인 단위인지 아니면 별도의 실체들인지 구분이 잘 안 된다. 심지어 자주 영혼과 정신이 같은 용어인 것처럼 혼용(특히 번역서)되고 있다.

그러나 20세기 중반 이후 개발된 컴퓨터와 인공지능(Artificial Intelligence)이 인간의 이해를 새롭게 도와줄 수 있다. 필자가 이해하기로는, 영혼은 신(또는 미지의 4차원 세계)과 3차원 세계와 연결되며, 동시에 우주 만물과 연결되는 통로로 보인다. 반면, 정신 작용이란 3차원의 시공간 속에서 개별 인간에게서 일어나는 비물질적인 현상의 모든 합계로 이해된다. 또한, 정신 작용을 인간 신체라는 3차원 세계의 물질을 움직이는 운영체계로 생각해 볼 수 있다. 정신 작용의 핵심이 마음 활동이다. 마음은 오감 정보에 근거해서 매 순간 생각과 감정을 생산하고 기억하고 불러오는 마당이다. 컴퓨터에 비유하자면, 신체가 컴퓨터 기기라면, 정신 작용과 마음은 신체의 운영체계와 장이다. 계속되는 생각과 감정이 소프트웨어이다. 따라서 3차원 시공간 속에서 움직이는 정신과 마음작용은 이해할 수 있으며, 심리학, 뇌 과학, 의학 등에서 구체적으로 작동원리를 밝혀오고 있다.

3차원 세계 속의 인간 활동을 다루는 정신과 마음작용이 4차원적 신의 세계로의 통로인 영혼과 어떻게 연결되어 있는지는 알 수 없다. 그래서 종교를 가진 사람들은 영혼을 믿지만, 무종교인들은 영혼에 대해 생각하지 않는다. 다만 최소한 이해 가능한 인간의 정신과 마음에 대해서만 집중한다. 현대 과학, 심리학, 뇌 신경과학은 영혼을 배제하고, 인간의 정신과 마음을 탐구하여 그 속에서 인간 심리나 행동 원리를 밝혀내고 있다. 이러한 시도는 사실 인간의 신체뿐만 아니라 정신과 마음작용도 물질을 다루는 과학적인 시각에서 접근하는 것이다. 인간의 심리적 특성을 물리법칙처럼 이해를 시도한다. 마음

상태에 따라 뇌의 영상이 바뀐다는 실험이 대표적이다.

　데카르트적인 '미지의 정신과 신체의 이원론'이 오늘날에는 '신체(신체의 운영체계인 정신 작용이 포함된 신체)와 미지의 영혼 이원론'으로 영역이 조정되었다고 볼 수도 있다. 즉 인간의 정신과 마음작용이 과거에는 애매하게 영혼 속에 포함되어 이해되었지만, 이제는 영혼과 분리되었다. 영혼이란 3차원 세계를 초월하는 영역만을 의미하게 된 것 같다. 17세기의 데카르트는 인간의 정신(마음작용)과 영혼을 분명하게 구분하지 못한 것 같고, 그마저도 신의 영역에 맡겼다. 그리고 신체활동과 감각 작용을 하는 인간을 태엽이 감긴 자동인형으로 여겼다고 한다. 그 당시 유럽에는 태엽 자동인형이 귀족의 장난감이었다. 이처럼 영혼과 정신이 같은 현상인지, 아니면 별개의 다른 차원의 문제인지 알 수 없고, 그러한 질문 자체가 무의미할 수도 있다.

　다만, 인간이 오늘날 인공지능을 만들어서 사용하는 것을 보면, 인간에 대해 새로운 이해를 해볼 수 있다. 인공지능이란 인간이 창조한 로봇에게 기본 프로그램을 입력해 주면, 로봇이 스스로 학습을 통해 인간의 뇌처럼 판단한다. 마찬가지로 신이 인간의 뇌 속에 기본 프로그램을 입력해서 인간을 세상에 탄생(제조)시켰다고 볼 수 있다. 신이 입력해 준 프로그램에 따라 인간이 자기학습을 통해서 지능적으로 생각하고 활동하는 점에서 보면, 인간의 뇌를 신공 지능으로 부를 수도 있다. 인간이 만든 인공지능이나 신이 창조한 인간 뇌라는 신공 지능의 자기학습원리는 비슷하다. 다만, 인공지능은 인간이 입력한 분야에서만 자기학습을 하지만, 신공 지능을 가진 인간은 모든 분야에서 자기학습을 한다는 점이 다르다. 만약 인공지능 로봇이 자신을 만들고 관찰하고 있는 인간을 알고 이해할 수 있다면, 바로 기계인 인공지능 로봇에게 영혼이 있다고 할 수 있다. 비슷하게, 신공 지능인 인간이 창조주를 느끼고 이해할 수 있다면, 인간에게 영혼이 존재한다고 할 수 있을 것이다.

28

인생의 의미

대부분 사람이 인생의 의미가 무엇인지 추구해 보지만, 딱히 가슴에 와닿는 해답이 있는 것 같지 않다. 루이제 린저는《생의 한가운데》에서 주인공을 통해 "우리는 생의 의미를 물었지요? 그래서는 안 되었는데! 인간은 생의 의미를 물으면 결코 알지 못하게 되지요. 오히려 그걸 묻지 않는 사람만이 생의 의미를 알고 있는 것이에요"라는 깊은 성찰을 보여준다. 대부분 인생의 의미를 알 수 없다. 미국에서 어떤 사람이 세계적인 석학 100명에게 편지를 보내서 인생의 의미가 무엇인지 물어보았다고 한다. 놀랍게도 대부분 석학은 "혹시 인생의 의미가 발견되면 나에게도 알려주세요"라는 답변을 보내왔다.

종교적인 관점에서 인생의 의미는 정해져 있다. 그러나 보통 사람들은 각자가 처한 상황에서 인생을 바라보고 해석한다. 인생의 의미를 부정적으로 보면, 인생은 알 수 없는 고통이고 탈출구가 없는 현실이다. 세상에 회자하는 유명한 법칙의 하나가 '유유상종 또는 끌림의 법칙'이다. 좋은 일이나 나쁜 일은 떼를 지어 다닌다는 뜻이다. 생각도 좋은 생각들과 나쁜 생각들은 친구처럼 몰려다닌다. 한번 나쁘고 부정적인 생각에 빠지면 계속해서 나쁜 생각들이 꼬리를 물고 나타난다. 어떻게 하면 나쁜 생각을 좋은 생각으로 바꿀 수 있는지 참으로 어렵다.

누구나 사람은 행복해지고 싶고, 그러려면 행복하고 좋은 생각을 하며 살아야 한다. 이러한 원리는 이해되지만, 어떻게 하면 늘 기분 좋고 편안한 생각을 하고 살 수 있을까? 이 질문이 바로 인생의 의미나 살아가는 목적과 연결되어 있다. 인간이 살아가는 의미는 우리의 생각을 매번 실험해 보고 결과를 느끼기 위한 것이다. 다시 말하면, 인생은 생각의 실험실이다. 필자는 내 생각을 실험해 보고 그 결과를 체험하기 위해서 이 세상에 왔다고 여기는 관점을 가지고 있다. 필자가 생각하는 인생의 의미이다.

매일 아침 눈을 뜨면, 오늘은 무슨 생각을 실험해 볼지 구체적인 생각을 마련해 본다. 아주 사소한 생각이라도 상관없다. 출근길에 처음 만나는 사람에게 좋은 인사말을 하거나 단지 미소를 보내는 것도 실험 대상이다. 상대의 반응을 보면 실험 결과를 알 수 있다. 직장에서도 동료에게 일부러 커피 한 잔을 사서 가져다주거나, 격려의 말을 건네보라. 동료의 반응이 내 생각에 관한 결과이다. 반대로 점심때 식당에서 바쁜 종업원에게 서비스가 느리다고 불평해 보라. 그 종업원의 굳은 표정이 실험에 관한 결과이다.

세상은 인과율 또는 연쇄반응이다. 수소 원자 2개와 산소 원자 1개가 결합하면 반드시 물방울이 생긴다. 내가 상대에게 좋은 생각을 품거나 말하거나 행동에 옮기면, 반드시 상대도 그에 상응하는 행동을 한다. 반대로 내가 부정적인 생각이나 무례한 생각을 행동으로 옮기면, 반드시 상대도 똑같은 행동으로 응한다. 모든 분야에서 우리는 매일 우리의 생각을 세상에 내보내고 그에 따른 결과를 보게 된다. 밭에다 가시나무 씨를 심으면서 사과나무가 열리기를 바랄 수 없다. 인생은 투입된 것이 산출되는 실험실이다. 삶이란 매일 우리의 생각이 세상에서 어떤 결과를 일으키는지 체험하는 것이다. 혹시나 하는 마음으로 자신의 작은 생각에도 불구하고 큰 결과가 오기를 바란다면 그것은 과학자의 자세가 아니다.

모든 인간관계에서의 갈등은 제 생각보다 더 나은 대가를 기대해서 발생한다. 공짜로 더 큰 것을 기대하는 것은 우연이지 과학이 아니다. 아주 작은 것에서부터 나의 좋은 생각이나 습관이 그에 합당한 좋은 결과를 나타내는 현실을 경험하면, 점점 인생이 재미있어진다. 이 점은 제임스 클리어의《아주 작은 습관의 힘》의 주제이기도 하다. 나쁘고 부정적인 생각은 결국에는 나를 해롭게 함을 알게 된다. 상한 음식을 먹고 고생해본 사람은 더는 상한 음식에 손을 대지 않는다. 뜨거운 냄비에 손을 데어본 사람도 불을 조심한다. 마찬가지로 나쁘거나 부정적인 생각은 떼를 지어 반드시 나에게 해로운 상황을 일으킨다. 인생은 생각보다 복잡하지 않다. 하루에 한두 번이라도 의식적으로 타인이나 가족에게 선행을 베풀며 사는 것이다. 그러한 작은 선행이 쌓이면 행복한 인생이 된다. 나쁘고 어리석고 부정적인 생각이나 행동을 하면서 성공이나 행복을 바란다면, 그 사람은 다시 과학 수업을 받아야 한다.

29

인생의 신비

아무리 생각해도 알 수 없는 일이 있다. 평생을 생각해도 마찬가지이다. 온 인류가 수천 년간 생각해 왔는데도 분명하지 않다. 우리가 누구인지, 왜 지금 지구라는 곳에 존재하는지의 문제이다. 왜 석탄을 이루는 이산화탄소가 배열을 조금만 고치면 다이아몬드가 되는지? 치명적인 일산화탄소(CO)가 탄소 하나만 추가하면, 몸에 해롭지 않은 이산화탄소(CO2)로 바뀌는 마술! 인간의 몸도 결국은 탄소, 수소, 산소, 질소로 구성되어 있다. 그리고 매일 탄수화물을 먹고 산다. 심지어 자동차를 만드는 철분이나 마그네슘, 구리, 아연도 사람의 구성 성분이고, 결핍되면 병이 든다. 우리는 너무나 자연스럽게 모든 동식물을 부위별로 해체하여 팔고 사고 먹고산다. 그리고 오직 '인간이 만물의 척도'라거나 인간의 권리인 인권만 강조한다. 이러한 인간 위주의 인본주의에 반대해서 모든 생명체를 함께 보살피자는 '포스트 휴머니즘'이나 인간의 한계를 뛰어넘자는 '트랜스 휴머니즘'이 등장하였다. 또한, 지질 시대 개념에서 발전하였지만, 산업혁명 이후 인류가 지구 환경에 큰 영향을 미치는 시대가 열렸다는 '인류세'라는 개념도 등장하였다. 최근의 코로나 19나 다른 팬데믹의 위협은 인간만이 지구의 주인이 아님을 여실히 보여주고 있다. 우리는 극미의 세계를 지배하고 있는 바이러스를 잘 모른다. 우주라는 그대의 세계도 끝을 모른다.

또한, 우리 몸을 이루고 있는 60조 개의 세포도 잘 느낄 수 없다. 그 작은 세포 속에서 미토콘드리아라는 엄청난 에너지 발전소가 작동하고 있고, 계속해서 이산화탄소가 산소와 교환되고 있다. 물론 반대로 우리 내면의 개개의 세포들은 자신들이 구성하고 있는 나라는 전체 모습을 알 수 없을 거로 생각한다. 위장 세포들이 위장 속에서 열심히 살다가 때가 되면 새로운 세포로 교체되지만, 자신들이 나라는 거대한 존재의 부분이었음을 모르고 사라지리라. 마치 우리 개별 인간들이 자신 주변 환경 속에서 열심히 살고, 싸우고, 원망하다 사라지지만, 우리가 구성하고 있는 거대한 우주의 전체 모습을 모르고 떠나는 것과 비슷하다. 몸속의 개별 세포들이 나는 누구인가, 왜 위장 속에 있는가를 아무리 오랜 세월 외쳐도 자신이 거대한 생명체의 일부라는 사실을 알 수 없다. 다만 존재의 비밀을 몰라도 존재할 수는 있다. 인간이 어떤 존재인지 몰라도 살아가고 있다. 음식을 어떻게 만드는지 몰라도 먹을 수는 있다. 따라서 원래 수천 년간 알 수 없는 문제를 풀기 위해 지나치게 에너지를 소모할 필요는 없다고 본다. 바이러스나 세포들이 내가 왜 존재하는지 묻지 않는 것처럼, 우리도 그냥 살면 되지 않을까 생각한다.

30

인류 스승의 말씀

로마 시대 사람은 평균 30세를 살았다. 지금 사람들의 평균 수명이 많이 늘어났다. 그러나 인간의 시간 개념은 인간에게

만 해당한다. 마치 하루살이 벌레가 인간의 삶을 알 수 없듯이, 천 년이 하루 같다는 말씀이나 영원이라는 말은 사실 하루하루가 살기 힘든 사람에게는 이해하기 어려운 개념이다. 어떻든 우리가 학교에서 배운 바에 따르면, 인류가 글자를 사용하기 시작하고 기록을 남긴 역사 시대란 불과 지난 5천 년 동안의 일이다. 46억 년이라는 지구의 나이를 생각해 보면, 5천 년이라는 기간은 매우 짧다. 점점 인류의 지성이나 과학이 발전해 왔다. 그러나 모든 세대는 비슷한 삶을 반복해서 영위해 오고 있다. 물론 입는 옷이나 주거방식은 시대마다 변했지만, 허기를 채우고 추위를 막아주는 기능은 변하지 않았다. 사람의 성격이나 태도도 변하지 않았다. 수천 년 전에 기록된 것으로 알려진 구약에는 현재도 진행 중인 인간의 나쁜 행태가 자주 언급된다. 구약의 내용에는 중상, 모략, 음해, 교만, 불신, 배반 등이 넘쳐난다.

삶이란 무엇인지 힌트를 얻기 위해서 5천 년이라는 역사 시대를 통해 인류에게 빛을 밝혀준 극히 소수 스승의 말씀을 음미해 본다.

- **지혜의 솔로몬 왕**: 하늘 아래 새로운 것은 없다. 모든 것은 바람을 쫓는 것 같이 헛것이다.
- **소크라테스**: 자, 나는 죽으러 가고 당신들은 사는 길을 간다. 어떤 길이 나을지는 신만이 알 것이다.

- **예수**: 주여, 저들을 용서하소서, 왜냐하면 저들은 자신이 무슨 일을 하는지 모르기 때문입니다.
- **부처**: 자신을 등불로 삼고 진리를 등불로 삼아라.
- **마르쿠스 아우렐리우스**(《명상록》): 내가 어떠한 자이든 간에 조그만 육체와 호흡(생명), 그리고 지배적 부분(판단하는 이성)에 지나지 않는다.
- **이태백**(《산중문답》): 왜 산에 사느냐고 물으면, 그냥 웃지요.

31

멋진 카페와 내면의 아름다움

왜 우리는 멋진 카페를 좋아할까? 늘 내면이 공허하기 때문일 거로 생각한다. 작고 아기자기한 카페라는 공간이 소음으로 가득 찬 외부세계로부터 우리의 허전한 마음을 달래준다. 아니면 인간 속에 원래 고요함과 차분함의 속성이 있어서 카페를 찾을 수도 있다. 흔히 세상의 모든 아름다움은 외부에 있다고 생각한다. 비싼 그림은 고급 갤러리에 있고, 멋진 반지는 고급 보석상에 있다고 여긴다. 나의 내면에 진짜 아름답고 멋진 생각과 느낌이 있다는 사실을 모르고 살아간다. 어떤 사람이 행인의 모습에서 자신의 영혼이 흔들릴 정도의 아름다움을 발견하고 그 사람에게 커다란 사랑의 감정을 가질 수 있다. 이 사람은 타인이 스쳐 가는 잠깐 사이에 커다란 내적인 아름다움을 발견한 것이다. 반대로 나는 나의 내면을 모르지만, 만약 주변의 사람이 나의 모습에서 깊은 아름다움을 느낀다면 어떨까? 독일의 문호 괴테가 《파우스트》의 마지막 부분을 "영원한 여성성이 우리를 위로 끌어올린다(Die ewige Frau erhebt uns)"라는 문구로 마무리한다. 괴테가 생각한 진짜 의미를 알 수 없지만, 여성성과 생명과 모성이라는 연결이 인간 내면에 내재한 우주적인 아름다움을 상징한다고 생각한다.

　한때 사랑했던 연인과 헤어진다고 해서, 문득문득 떠오르는 그리움마저 지우지 못한다. 이러한 그리움도 사람 속에 있는 영원한 아름다움이 불러오는 것이다. 우리 속에는 우리의 외적인 모습에서는 알 수 없는 무한한 아름다움이 씨앗처럼 파종을 기다리고 있다. 다만 사람들이 평생 자신의 외부에서만 아름다움을 찾고 있어 자신 속에 잉태된 진짜 아름다움을 모르고 지낼 뿐이다. 내면의 아름다움을 모르기에 멋있게 보이려고 멋진 옷을 입고 치장을 한다. 현대사회는 패션이나 광고 등을 통해서 인간의 외적인 아름다움을 상품화한다. 잘생긴 연예인을 보고 환호하는 관중은 자신 속에 숨어있는 진짜 아름다움을 놓치고 있다. 이 과정에서 인간 본연의 내적인 아름다움이 무시되고 있다. 어린 자녀들이 엄마를 전적으로 신뢰하는 시선으로 쳐다볼 때 얼마나 사랑스러운가. 어른에게도 영원히 어린아이의 마음이 있고, 바로 죽을 때까지 사라지지 않는 어린아이의 마음이 인간 속에 있는 아름다움이다. 어른이 되었다고 해서 인간의 천진무구한 내적인 아름다움을 무시하면 안 된다. 예술가들만 인간의 내적인 아름다움을 노래할 수 있는 것은 아니다. 지금 눈을 닦고 나서 다시 보면, 친구의 모습 속에서 그동안 보이지 않았던 아름다움이 보이고, 또한 나의 모습 속에서도 감추어 있던 아름다움이 드러날 것이다.

32

인간도 대자연의 일부

사람은 죽을 때까지 공부하고 매일 새로운 것을 배우는 것이 좋다. 많은 것을 배워서 자신의 공고한 정신적 자산이 형성되면, 나의 이해를 뛰어넘어서 주변 사람들에게 서비스를 베푸는 삶을 살게 된다. 아리스토텔레스가 말한 대로 인간이 사회적이고 정치적인 동물인 이상 혼자서는 살 수 없다. 우리는 이미 타인이 만든 수많은 제품을 사용하고 식자재를 통해서 몸에 영양분을 공급하며 살고 있다. 그래서 나도 남에게 무언가를 공급해 주며 사는 것이 이치에 맞는다. 같은 사람들 사이에서 서로 봉사해야 하는 것은 잘 이해된다. 그러나 사람과 자연의 관계에서 인간의 기여도가 문제이다. 태양의 무한한 빛과 공기가 없다면, 사람과 생명체는 살 수 없다. 그런데도 우리는 빛과 공기가 영원히 공짜로 주어지는 건 당연하다고 생각해 왔다. 산업화로 공기가 탁해졌고, 초미세먼지로 폐렴 등 건강에 악영향이 생겨났다. 자연이 우리에게 무한대로 제공해 주는 빛, 공기, 물을 마음껏 사용하면서 깨끗한 자연 유지는 등한시했다. 한 번 마시고 먹기 위해 나무를 원료로 한 종이컵과 플라스틱 용기를 사용하고 마구 버린다. 사람들은 누군가 알아서 치워주는 사람이 있다고 생각한다. 태평양에는 바다 위에 떠있는 거대한 쓰레기 섬(우리나라 면적의 16배 크기)이 점점 커지고 있다. 최근 우리나라 남부에서부터 벌들이 사라지고 있다고 한다. 벌들은 식물의 70% 정도에 수분 활동을 돕는다.

사실 인간은 빛의 자녀이다. 신체를 구성하는 장기, 세포, 분자, 원자, 전자, 쿼크 등 미세 단위로 내려가다 보면 더는 고정된 입자가 없어지고 마치 빛과 같은 에너지 형태의 존재만 남는다고 한다. 또한, 우리 몸속에서는 수많은 외부정보가 전기 자극의 형태로 신경 체계를 통해 순식간에 온몸에 전달된다. 우리의 잠재의식은 오감을 통해 접수된 정보를 1초에 4천만 비트를 처리한다고 한다. 우리의 몸은 70%가 물이며, 60개 조의 세포들은 거대한 수영장 속에서 떠다니면서 산소와 이산화탄소를 쉴 새 없이 교환한다. 또한, 세포 속의 미토콘드리아는 우리가 섭취한 당질과 지방을 태워서 끝없이 에너지를 생산하고 있다. 그러나 인간은 자신 속에서 전개되는 대자연의 움직임을 모른 채 자기 이익만을 생각하는 망상의 세월을 보내고 산다. 우리는 외부의 대자연도 파괴하고, 우리 속 내부의 대자연을 인식하지 못한다. 우리의 의식이 태양의 빛과 혼탁해진 공기와 오염된 물을 깨닫지 못한다면, 우리의 삶과 인간들로 구성된 사회는 계속해서 혼란 상태가 지속될 것이다.

WALKING
WHILE
THINKING

Ⅲ
장

나와
세상과의
연결

33

착하게 살기가 어려운 이유

사람이 좋지 않은 습관을 고치기 어려운 것은 사실이다. 그런데도 우리는 매일매일 좀 더 나은 사람이 되고자 애를 쓰며 산다. 마치 쓰러지면 다시 일어나는 오뚝이 인형과도 같다. 아마 이렇게 선을 향해 노력하는 점이 인간과 동물과 사이에 가장 큰 차이점이다. 아침에 일어나면, 오늘은 만나는 사람들에게 좀 더 친절하게 대하리라 다짐한다. 그러나 세상에 나가서 사람들을 만나고, 횡단보도를 건너려는 행인을 보고도 양보하지 않고 달리는 차를 보고, 내가 보낸 문자에 대한 신속한 답변이 없으면 나도 모르게 얼굴에 인상이 써진다. 친절하고 따뜻한 말을 하려고 했던 결심은 이내 사라져 버리고, 이에는 이, 눈에는 눈이라는 상호주의가 깨어난다. 그러면 그렇지, 언제부터 내가 성인군자였다고 하면서 변화된 마음을 합리화한다. 그렇게 또 하루가 지나고 터벅터벅 퇴근길에 접어들면, 온갖 후회와 수치심이 몰려온다. 친절한 사람이 되고자 한 결심을 하루도 지키지 못한 자신이 부끄럽다. 종일 수고한 몸과 함께 자신과의 약속을 지키지 못한 얼룩진 마음이 부정교합과 같은 쉰 소리를 사방으로 보낸다.

   그래, 내일부터 다시 좋은 사람이 돼보자고 다짐한다. 오늘은 친구의 말을 경청해 주지 못하고 중간에 말을 끊었는데, 내일은 반드시 무조건 친구의 말을 성심성의껏 들어주리라 결심한다. 그런데 낮에 본 책《모든 사람에게 좋은 사람일 필요는 없어》의 제목이 마음을 불편하게 만든다. 매사에 너무 좋은 사람이 될 필요가 없다는 내용이고 일리 있는 주제다. 커피를 마시면 몸에 좋다는 글도 있고, 반대로 몸에 나쁘다는 글도 함께 있다. 개성이 다양한 시대라 인간에 대한 이해에서도 여러 시각이 분출하고 있다. 과거 인류처럼 절대적인 시대 가치가 사라지고 있다. 그래서 지금은 답답하고, 이해되지 않은 상황이 발생하면 보편적으로 적용해 볼 가치가 없다. 사람에게는 늘 어떤 질서가 필요하고 마음도 질서를 추구한다. 지금 시대는 누구나 공유할 수 있는 질서가 사라진다. 그래서 답답함이 늘어난다. 답답한 것을 보면 화가 난다. 화를 참으라고 하지만, 화라는 감정을 자주 억누르면 병이 생긴다는 주장도 있다. 그런 주장을 하는 사람들은 자신이 직접 몸에 들어가서 본 것은 아닐 것이다. 어쩌면 인생이라는 것이 외줄 타기 곡예와도 비슷하다. 좌우 어느 쪽으로도 경도되면 안 되고 균형을 잡고 나아가야 한다. 곡예사는 오랜 세월 훈련을 하지만, 보통 사람들은 전문적인 훈련이 없이 인생이라는 외줄 타기를 한다. 남들도 그렇게 살아왔으니까 나도 할 수 있다고 믿는다. 그런데 실제로 남의 경험은 나에겐 도움이 되지 않는다.

　인간에게는 합리화라는 무서운 무기가 있다. 어떤 상황도 합리화의 단계에 접어들면, 목적이 수단을 정당화하고 거짓말도 자연스럽게 동원된다. 나는 그런 의도가 아니었다고 항변하기도 한다. 타인과의 관계에서만 아니라, 내가 나와 한 결심을 지키지 못했을 때도 그렇다. 100% 잘못을 인정하기가 어렵다. 그래서 하루에도 수없이 판단 기준이 바뀔 수 있다. 바르게 살고 바르게 행하는 것은 옳다. 그러나 어떤 것이 바른 삶과 행동인지에 대한 가치 판단은 쉽게 변하고 합리화할 수 있다. 바르고 착하게 사는 기준으로 나의 이익이 아니라 타인의 이익이 우선시 되는 것이 필요하다. 물론 쉬운 일은 아니다. 나의 이익을 희생하기가 어렵기 때문이다. 자선사업도 100% 타인을 위한 순수한 동기가 아니라 결국 자신의 행동을 칭찬받기 위한 동기가 숨어있다면 그것은 결국 자신의 이익을 위한 행동이다. 늘 착하게 살고 싶고 다른 사람들에게 따뜻한 말을 건네며 살고 싶다. 그러나 그런 의도가 실천되기 어려운 이유는 눈에 보이지 않는 나의 동물적인 이익이 도전을 받기 때문이다.

34

타인의 평가 극복

　루소의 영향을 받은 페스탈로치는 200여 년 전에 근대 보통 교육 이념의 형성에 이바지하였다. 그의 교육 사상의 뿌리에는 교육을 통해서 아동들의 지덕체를 고루 발전시키자는 것이었다. 그러나 현대의 학교 교육이나 가정과 사회교육은 극단적으로 발전한 자본주의의 영향을 받아 경쟁 속에서 1등을 하는 기술 습득에 초점이 맞추어져 있다. 그 결과, 인생의 모든 면이 등급화되는 현대판 카스트제도가 등장하고 있다. 더욱 심각한 것은 이러한 지독한 편 가르기 교육을 받은 현대인들이 타인의 인정을 심하게 갈망한다는 것이다. 정치인들은 지지율에 애가 타고, 유명인들은 인기도에, 보통 사람들은 SNS상의 댓글 수나 '좋아요' 클릭 수에 긴장하며 살아간다. 모든 관심이 다른 사람이 나를 어떻게 평가하는지에 있다. 그리고 가까운 주변 사람이 나에게 건네는 의견, 평가, 비난을 아무런 검토 없이 수용한다. 특히 부모, 교사, 동료들에 의한 부정적인 평가는 우리의 정체성 형성에 큰 영향을 미친다.

　"넌 목소리가 안 좋아"라는 초등학교 선생님의 평가를 받은 아이는 평생 남 앞에서 노래를 부르려고 하지 않는다. 부모나 동료들의 인정을 받아보려고 그들이 원하는 것을 쟁취하려고 애쓴다. 대학의 학과 선택, 직장 선택, 친구나 배우자 선택의 기준에도 진정 나의 희망보다는 주변 가까운 사람들의 희망이 더 큰 영향을 미친다. 왜냐하면, 어려서부터 그렇게 교육을 받아왔기 때문이다. 내가 진정으로 무엇을 좋아하는지 생각해 본적이 없다. 나는 나의 선택에서 늘 대접을 받지 못한다. 식당에서 메뉴를 볼 때, 내가 원하는 음식의 종류보다는 가격표가 우선 눈에 띈다. 옷을 고를 때도, 내가 원하는 옷의 질과 내용보다 가격이 먼저 보인다. 평생 그렇게 살아간다. 내가 무엇을 원하는지도 모르지만, 우연히 알게 되어도 나의 희망은 늘 우선순위가 아니다. 남이 나를 어떻게 볼지가 더 큰 관심사이다.

사실 나도 나를 잘 모르는데, 나의 극히 일면만을 보는 주변 사람들이 어떻게 나의 참모습을 알 수 있을까? 그런데도 우리는 타인이 나에게 가지는 편견을 진짜로 받아들인다. 어떤 정치인에 대한 지지율이 그 사람의 비전과 노력을 알고서 나타나지 않는다. 세상에 떠도는 가십, 소문, 비평 등도 뿌리가 없는 나무의 낙엽과도 같다. 이런 교육환경과 세상의 문화 속에서 살다 보면, 인생의 상당 기간을 타인의 평가에 의존하며 허비하게 된다. 진정한 자신의 삶은 허공 속에 맴돈다. 나이가 들어 세상의 이치를 알 때쯤이면, 허무한 생각이 든다. 불필요한 감정 억제, 눈치를 보기, 사막에서 신기루를 찾으며 살아온 인생이 아깝지만, 다시 돌아갈 수 없다. 세상이나 주변 사람들의 뜻에 거슬리는 행동을 하자는 것이 아니다. 타인의 의견이나 평가를 곧이곧대로 받아들여 나의 정체성 일부로 만들지 말자는 의미이다. 내가 나의 가치를 스스로 발견해야 한다. 타인은 나의 내면을 알 수 없다. 나는 내가 원하면 무엇이든 할 수 있고, 누구라도 될 수 있다. 타인이 나에게 두르는 의견과 평가의 벽에 갇혀서 살 필요가 없다. '나는 안돼', '나는 머리가 안 좋아', '너무 나이가 많아' 등의 생각은 세상이 나에게 주입한 의견일 뿐이다. 세상이 나에게 입혀준 옷을 과감하게 벗어 던지고, 내가 스스로 만든 옷을 입고 당당하게 주동적으로 내가 숲속에 길을 만들어 나가는 마음 자세가 필요하다. 누구에게나 세상이라는 숲은 미지의 숲이다. 숲의 입구 공원에 있는 나에게 익숙하고 편한 놀이터를 떠나서, 나무가 우거진 숲속으로 들어가자. 숲속의 길은 내가 생각하는 대로 만들어진다.

35

평화롭게 세상 살기

"당신이 다른 사람으로부터 바라는 그대로 다른 사람에게 해주라"라는 말은 만고의 진리이다. 어떻게 보면 이 말은 세상을 평화롭게 살아가는 매우 중요한 지침이다. 우선 길거리에서 만나는 잘 모르는 사람들과의 관계에 적용해 볼 수 있다. 길을 걷다 보면 간혹 어떤 사람들이 나를 빤히 쳐다보는 경우가 있다. 그럴 때 쳐다보는 상대의 시선이 별로 기분이 나쁘지 않다면 상관이 없다. 그러나 그러한 시선이 내 마음에 불편함을 일으킨다면, 남들도 그런 반응을 가질 수 있다는 생각을 가져야 한다. 따라서 앞으로 길을 걸어갈 때, 나부터 먼저 되도록 타인의 얼굴이나 몸짓을 지나치게 바라보지 않으면 좋다. 반대로, 한 차원 더 높여서 내가 싫어도 타인이 나를 빤히 쳐다보는 것을 허용해 준다. 다시 말하면, 나는 남을 불편하게 만들지 않기 위해서 그를 쳐다보지 않은 동시에, 타인이 나를 쳐다보는 것은 용납한다는 뜻이다. 나는 타인의 기대를 충족시켜 주고, 타인의 나에 대한 불쾌감을 참는다는 의미다. 쉽지 않은 마음 자세지만, 성인이 되는 기분이 들 것이다. 또한, 길을 걷다 보면, 좁은 길에서 앞에 가는 사람이 천천히 걸어가면서도 한쪽으로 비켜서 걸어가지 않고 길의 가운데를 차지하며 걷는다. 그럴 때면 뒤에서 바쁘게 걸어가는 나는 그 사람을 밀치고 나아가야 할지 아니면 잠시 더 큰 길이 나올 때까지 천천히 뒤따라 걸어가야 할지 결정해야 한다. 잠깐 사이에 온 신경이 곤두선다. 이 경우에도 마찬가지다. 나는 잠시 후에 큰길이 나와서 앞사람을 여유롭게 따돌릴 수 있을 때까지 천천히 걸어가 준다. 반대로 내가 좁은 길을 걸어가고 뒤에서 사람이 따라올 때는 뒤의 행인이 먼저 지나갈 수 있도록 길의 한옆으로 피해 준다. 쉽지 않은 일이다. 우리 속에서 우리 행동을 통제하는 감정이 용납하지 않는다. 길 위에서의 사소한 행동이지만, 인간의 감정은 모든 일을 이기냐 지느냐로 판단한다.

뉴스를 보면, 사람이 다른 사람과 싸울 때 그 이유가 거창한 것은 아니다. 처음 본 사람이 자신을 형씨라고 불렀다고 싸움을 시작하고 급기야는 폭행을 행사하고 살인도 한다. 가끔 뉴스에 나오는 이야기다. 친구, 애인, 부부간에도 사소한 말 한마디가 결별을 불러오기도 한다. 이처럼 이 세상에는 결과를 놓고 보면, 사소하거나 중요한 일에 구분이 없다. 내 발가락에 찔린 가시 하나가 타인이 겪는 엄청난 고통보다도 소중하다. 텔레비전을 볼 때, 아프리카의 아동들이 굶주림에 죽어가는 장면을 보며 불쌍하다는 느낌이 든다. 그러나 잠시 후에 맛있는 치킨 광고가 나오면 조금 전에 본 빈곤 아동의 모습은 금방 사라져 버린다. 작고 사소하게 여겨지는 것들에서 자신을 희생하고 동시에 타인의 기대치를 만족시켜 주는 사람은 세상을 평화롭게 살 수 있는 사람이다.

36

생명 현상의 양면성 극복

통상 철학과 종교에서는 오늘날 인간이 겪는 모든 문제가 신과 인간의 분리 또는 자연과 인간의 분리라는 관점에서 살핀다. 분리를 극복하고 연합을 이루어야 함이 강조된다. 온 우주 만물이 연결되어 있다는 생각도 매우 강력하다. One in all, all in one. "뭉치면 살고, 흩어지면 죽는다" 그러나 잘 살펴보면, 인생의 가장 근본적인 생각에서 분리가 강력하게 지배하고 있다. 육체와 정신의 구분, 의식과 잠재의식의 구분, 이성과 감정의 구분, 건강과 질병의 구분, 삶과 죽음의 구분! 이러한 분리의 인식체계는 그럴듯하지만, 실체가 없다. 진실은 어떤 하나의 상태가 다른 모습으로 보이는 것일 뿐이다. 동전의 앞면과 뒷면을 구분해도 동전이라는 전체를 볼 수 있다. 마찬가지로 건강과 질병, 삶과 죽음은 생명 현상의 앞면과 뒷면일 뿐이다. 여전히 전체로서의 생명이 있다. 다만 우리가 동전 전체를 보는 것처럼 보지 못할 뿐이다.

나무가 여름에는 푸른 가지와 잎새를 뽐내지만, 가을이 되면 이내 죽음과도 같은 잎이 떨어진다. 푸른 잎새와 시든 낙엽이 과연 분리된 것일까, 아니면 어떤 존재의 다른 모습일 뿐일까? 수명연장을 통해 죽음을 극복하고, 암 등 질병을 극복한다는 인식체계에도 문제가 있다. 태어나는 순간에 죽음이 잉태되고 죽음 속에서 새로운 생명이 잉태된다. 건강하게 오래 살고 싶은 마음을 탓할 수는 없다. 그러나 삶과 구분되는 죽음이 있다고 믿는 생각에 문제가 있다. 이는 철학적인 문제이다. 일반적인 병 치료는 받아야 한다. 다만 마음의 세계에서 별도로 건강과 완전하게 분리된 질병이 존재하고, 싸워서 병을 극복할 대상으로 여기는 방식에 문제가 있다. 아인슈타인은 "문제를 발생시켰을 때와 똑같은 의식 수준으로는 어떤 문제도 해결할 수 없다(No problem can be solved from the same level of consciousness that created it)"라고 말했다. 병을 일으킨 마음 환경은 그 병을 치료하기 어렵다는 의미로도 해석할 수 있다. 인간도 삶과 죽음, 건강과 질병을 분리 구분하는 인식상태에서는 죽음과 질병이라는 근원 문제를 해결할 수 없다. 그리고 분리의 상태에서 가장 큰 질병이 죽음이다. 생명에는 죽음이 없다. 죽어도 죽는 것이 아니라, 영원한 생명 현상의 한쪽 미끄럼틀을 타는 것이다.

실상 죽음은 매 순간 삶과 동행하고 있다. 죽음은 삶의 완성이고 삶은 죽음의 어머니다. 건강과 질병도 서로 순환하면서 삶과 죽음이라는 틀 속에서 모습만 다르게 나타나는 현상일 뿐이다. 더 나아가서 애당초 삶과 죽음이라는 현상 자체가 환상일 수도 있다. 밤에 꾸는 꿈이 헛것이라고 생각할 수 없고, 너무나 생생하게 느껴질 때가 있다. 꿈속에서 생각하고 느끼는 나는 정녕 무의미하고 잊히는 존재일까? 반대로 우리가 현실이라고 부르는 깨어있는 상태에서도 뭔가 심각한 일을 겪으면, 마치 꿈을 꾸는 기분이 들 때도 있다. 즉 어떨 때는 꿈속의 삶이 너무 생생하고, 반대로 현실의 삶이 꿈같기도 하다. 이 모든 것이 무엇을 의미할까? 어쩌면 인간이 삶과 죽음, 건강과 질병에 대해 매우 큰 착각을 하고 있는지도 모른다. 3차원적인 세계에서는 그러한 구분이 가능할 수도 있다. 그러나 전자나 원자의 세계에서는 끝없는 흐름과 우주적인 춤이 있을 뿐이다. 우리 몸의 대부분은 비어있는 공간이다. 우주도 마찬가지이다. 빈 공간에 무엇인가가 채워져 있는 것처럼 여겨지고 딱딱하고 고정된 몸과 세계가 있다고 느낀다. 전체 우주가 128억 년 전에 완두콩만 한 크기에서 폭발하여 지금의 크기로 팽창했다는 것이 빅뱅 이론이다. 만약 빈 공간을 벌려서 늘려주는 힘이 없다면, 우주도 인간도 즉시 완두콩이나 먼지 같은 존재로 축소해 버릴 것이라는 가설도 있다. 빈 공간을 벌려주고 있는 힘이 과학에서는 아직도 증명되지 못한 암흑에너지이고, 철학과 종교에서는 신적인 사랑이다.

37

세상의 바람과 구름

바람은 보이지 않는다. 다만 주변의 나무가 흔들리고 머리카락이 휘날리는 것을 보고 바람이 부는 것을 알 수 있다. 세상의 일도 우리에게 바람처럼 다가온다. 미리 알 수도 없고 바람의 세기도 모르지만 매일 불어온다. 가지가 많은 여린 나뭇가지는 잔바람에도 이리저리 흔들린다. 그러나 단단한 바위는 폭풍우가 불어와도 흔들리지 않고 자신의 존재가치를 지킨다. 지친 나그네가 잠시 쉬어가는 의자가 되기도 하고, 세상의 바람도 막아준다. 태풍처럼 큰바람은 매일 불지 않는다. 그러나 일상 속에서 매일 불어오는 성가신 잔바람이 있다. 잊고 싶은 과거의 기분 나쁜 기억들이 떠오를 때, 전광판에는 버스가 곧 도착 예정이라는데 실제 버스가 오지 않을 때, 지인에게 해준 좋은 말을 지적으로 받아들일 때 등 수많은 잔바람이 불어온다. 그럴 때마다 나의 정신의 나무는 흔들린다. 가지가 부러지지는 않을 정도이지만 늘 휘둘려서 마음의 가지가 아프다.

구름이 부딪혀 발생한 정전기가 축적되면 번개가 되어 떨어진다. 호리 야스노리는《모든 병은 몸속 정전기가 원인이다》에서 세계 최초로 특이한 주장을 한다. 우리 혈관 속의 적혈구의 크기가 모세혈관의 지름과 비슷해서 적혈구가 모세혈관을 지날 때 부딪히면서 정전기가 발생한다는 것이다. 또한, 혈관 속에도 기타 여러 성분이 지나가면서 접촉사고가 나도 정전기가 발생한다고 한다. 이렇게 몸속에서 발생한 정전기는 지방에 축적되고 많아지면 구름 속 번개처럼 인간의 몸속에서 번개를 일으킨다는 주장이다. 인간 몸속에서 발생하는 정전기에 의한 번개로 인해 두통, 신경세포의 피습이 일어나고 결국 온갖 병의 원인이 된다는 가설이다. 이를 해결하려면, 몸을 땅에 접지해서 몸속의 정전기를 배출하라고 한다. 참고로 맨발 걷기가 몸의 활성산소뿐만 아니라 정전기 배출에도 도움이 되는 것으로 알려져 있다. 맨발 걷기도 우리 몸을 땅에 접지해서 땅속의 자유전자가 몸의 활성산소를 중화시킨다고 한다.

사소한 잔바람과 같은 일상의 일들이 사람 마음속에 작은 파도를 일으킨다. 태풍이 불어오면 단번에 가지가 부러지고 나무가 뿌리째 뽑힌다. 그러나 생활 속의 불편함이 일으키는 작은 찬바람은 당장 큰 병을 일으키지 않는 것 같지만, 작은 분노의 상처들이 누적되면 정신적, 육체적으로 만성병을 일으킨다. 어떤 풍파가 밀려와도 끄떡없이 버티는 단단한 바위는 축복을 받았다. 마찬가지로 누가 뭐라고 해도 흔들리지 않는 바위와 같은 마음을 가진 사람은 신의 은총을 받은 사람이다. 여름에 산에 가거나 공원 벤치에만 있어도 모기라는 잔바람이 끊이지 않는다. 세상은 원래 어떤 청사진을 품은 에너지가 일으키는 바람으로 창조가 지속하는 것 같다. 역풍도 있고 순풍도 있다. 이 세상에 바위가 존재하는 이유를 생각해 볼 필요가 있다.

38

참여 우주

─────

　보통 사람은 나에게 일어나는 모든 일이 환경이나 어떤 사람 등 외적인 요인에 의해서 발생한다고 믿는다. 예를 들어, 내가 출세하지 못한 것은 부모를 잘못 만났거나 가난한 집안 또는 불우한 환경에서 성장했기 때문이라고 흔히 생각한다. 또한, 현재 나의 불운을 인과응보적 업보 또는 운 탓으로 돌리기도 한다. 만약 내가 좀 더 좋은 환경이나 우수한 교육을 받았으면 현재의 나보다 훨씬 나은 사람이 되었을 것으로 생각한다. 이런 시각은 나와 외부환경이 분리되었다고 믿는 관점이다. 17세기 초중반에 근대 과학의 초석을 세웠던 데카르트와 뉴턴은 우리가 사는 우주가 고정된 물리 세계로 여겼고 당연히 나와 별들은 분리된 존재로 여겼다. 심지어 상대성이론을 만든 아인슈타인조차도 내가 별에 영향을 미칠 수 없다고 보았다. 별들은 아니더라도 우리가 사는 외부 세상과 환경을 지배할 수 있다. 아무리 어려운 환경에서도 불굴의 의지로 힘든 상황을 극복하고 성공한 사람들을 보면, 반드시 외부적 환경, 운, 과거 조상의 업보 등이 나의 인생행로를 막는 요인이 아닐 수도 있다.

한편, 외부적 환경이 나의 삶을 지배한다는 관점을 뛰어넘는 사고방식이 20세기 초부터 과학적으로 생성되어 오고 있다. 바로 양자물리학의 새로운 발견 때문이다. 물론 양자물리학이 원자를 이루는 전자, 양자 등 극미의 세계를 다루고 있지만, 전자들의 특이한 활동은 인류의 기존 우주관을 송두리째 흔들고 있다. 즉 인간과 분리된 고정된 물질세계의 존재 기반이 흔들리고 있다. 전자들이 관찰자(나)의 존재에 따라 파동으로 보였다가 입자로도 보이는 양면성을 나타낸다. 또한, 광양자를 분리해서 서로 멀리 떼놔도 같은 반응을 보인다. 인간의 DNA가 나타나면 원래 여기저기 퍼져있던 광양자들이 질서 정연하게 재배치된다는 실험 결과도 있다. 그리고 인간의 감정 상태에 따라 DNA의 구조가 바뀌고 건강에 영향을 미친다는 실험 결과도 많다. 이런 실험 결과들은 왜 식물들도 인간의 배려에 따라 잘 자라기도 하고 반대로 시드는지 현상도 설명해 준다. 또한, 일본 학자의 실험대로, 물을 보고 긍정적인 또는 부정적인 생각을 전하면 물 분자의 배열 상태가 바뀐다는 사진도 유명한 실험이다.

이런 모든 새로운 과학적 실험 결과는 인간 의식이 외부세계, 즉 타인, 자연, 심지어 우주에도 영향을 미칠 수 있다는 의미다. 고정된 물질세계는 없고, 인간의 생각, 감정, 믿음에 따라 우주가 늘 변한다는 것이다. 우리가 느끼는 과거, 현재, 미래라는 단일 시간 선상에서 발생하는 고정적인 현실은 없다는 것이 양자물리학이 제시하는 방향이다. 수많은 가상현실이 공존하고 있고, 인간의 의식과 선택 때문에 매 순간 새로운 현실이 나타난다는 것이다. 재미있는 점은 일단 나타난 현실은 내가 새로운 현실을 선택하기 전까지는 나를 지배한다는 점이다. 마치 내가 한 생각도 내가 새로운 생각을 하기 전까지는 나를 지배하는 것과도 유사하다. 이러한 새로운 과학적인 사고나 실험 결과를 바탕으로 디팩 초프라(《You are the Universe》 저자), 일부 양자물리학자들은 우리의 우주를 인간의 의식이 만들어 내는 '참여적 우주'라고 부른다. 1930년 아인슈타인을 방문한 인도의 시성 타고르 사이에 참여 우주에 대한 논쟁은 유명하다. 아인슈타인은 "우주가 인간의 의식과는 독립적인 실재"라고 주장했고, 타고르는 "이 세계가 객관적으로 존재하는 것이 아니며 실재는 우리의 의식에 달려있다"라고 응대했다고 한다.

  19세기 말 미국에서 태동한 '신사고 운동'이나 20세기 다수 자기 계발 강사들도 인간의 마음이 미래를 창조한다는 관점을 보인다. 특히《시크릿》책에서 나타나듯이 우주적인 지성과 인간 의식의 주파수를 맞추면 우주의 힘을 활용할 수 있다고 주장한다. 이들이 말하는 우주적인 지성과 기성종교의 신과 어떤 차이가 있는지 알기 어렵다. 기성종교에서 말하는 신 또는 절대자를 우주적인 지성, 우주적인 힘이라는 다른 이름으로 부른다고 느껴질 뿐이다. 어떻게 하나의 우주에 다수의 절대자가 있을 수 있겠는가? 언어적인 게임으로 여겨진다. 다만, 이름과는 상관없이 우주에 편재하는 절대적인 존재와 힘을 인정하지 않을 수 없다. 그리고 그 존재와 힘은 사랑과 질서, 조화라는 법칙에 따라 움직이는 것도 맞다. 인생에서 어떤 목표를 향해서 나아가는 것은 중요하다. 신사고에 따르면, 어떤 목표가 이미 이루어져 있다는 느낌을 지금 가진다면 그러한 현실이 나타난다는 것이다. 이들은 자신들 주장의 근거로 양자물리학을 인용한다. 물론 이러한 내용과 유사한 구절은 성경에도 있다. "무엇이든 기도하고 구하는 것은 받은 줄로 믿어라. 그리하면 너희에게 그대로 되리라(마가 11-24)" 구절에서 인간의 희망이 이미 받았다고 믿으면 그대로 나타난다는 말씀이다. 또한, 자성 예언(스스로 말하는 내용이 이루어진다) 또는 자기 암시라는 말에서도 비슷한 관점이 보인다. 이처럼 우리가 사는 세상은 고정적이고 딱딱한 물질세계가 아니라, 인간의 의식, 생각과 감정, 희망, 믿음, 확신에 따라 늘 새로운 현실로 재편될 수 있다는 생각들이 많다. 따라서 무엇을 이루기 위해 애쓰는 노력도 중요하지만, 자신이 원하는 목표나 희망이 지금, 이루어져 있고 그래서 기쁘다는 느낌을 미리 갖는다면 미래의 청사진이 찰칵 찍힌다는 것이다. 그러면 잠시 후에 또는 수년 후에라도 나의 믿음의 청사진대로 새로운 현실이 나타난다는 것이다. 물론 이 과정에는 우리가 볼 수 없는 나와 우주의 공통 구성 요소인 전자, 양자 등 극미의 세계에서 재편이 이루어진다고 본다. 필자는 참여 우주나 신사고적인 주장을 액면 그대로 받아들이지 않는다. 이들이 시대적 변화에 맞게 기성종교의 신을 다른 각도에서 재해석하고 있을 뿐이라고 생각한다. 그러나 세상의 원리를 이해하기 위해 모든 주장을 열린 마음으로 숙고해 본다.

39

서로 다른 존재 방식

모든 생명체는 존재 방식(Mode of existence)이 서로 다르다. 존재 방식이란 생명체가 주변의 다른 생명체나 환경에 적응하고 소통하는 방식이다. 개와 고양이의 존재 방식을 비교해 보면, 그 차이를 알 수 있다. 개는 사람에게 끝없는 관심과 애정을 표시하는 방식으로 존재한다. 고양이는 늘 조용하고 침묵하지만 나름의 방식으로 사람들과 소통을 하며 살아간다. 개와 고양이 중에서 어떤 존재 방식이 더 우수하다고 말할 수 없다. 마치 태양계의 행성들이 태양을 중심으로 다른 주기로 공전하고 있다고 해서 어느 행성이 더욱 우수하다고 할 수 없는 것과 같다. 모든 생명체의 에너지 확보 방식, 평균수명이 다른 것도 서로 다른 존재 방식에서 비롯된다. 꽃이 10일 동안만 피고 진다고 해서 꽃의 존재 방식에 문제가 있는 것은 아니다. 시간이란 극히 주관적이고 상대적이다. 인간에게 80 평생이 긴 것 같지만, 하루살이 벌레도 있고, 수천 년을 살아있는 나무들도 많다.

사람도 인류의 평균적인 존재 방식을 따르기도 하지만, 개인마다 다른 존재 방식 속에 살아간다. 사람의 존재 방식을 결정하는 요소는 인생의 형식에 대한 개념 차이에서 오는 것 같다. 필자가 보기에는 가족, 돈, 사랑, 권력, 건강 등이 인생의 형식적인 틀로 여겨진다. 사람이 이러한 인생의 틀에 대한 어떤 개념을 갖고 있느냐에 따라서 각자의 존재 방식이 정해진다. 세상에 80억 명의 사람이 살고 있다. 그러나 잘 이해하면, 80억 명 모두가 다른 존재 방식을 따라서 산다. 어쩌면 80억 개의 우주선이 서로 다른 궤도 위를 날고 있는지도 모른다. 인류가 하나의 종이라는 생물학적인 분류가 틀릴 수도 있다. 친구간, 가족 간, 국민 간에도 서로 완전한 교감이 어려운 것은 서로 다른 존재 방식에서 비롯되는 가치관과 관념의 차이 때문이다. 어느 정도 선에서 적당하게 상대를 이해하고 살아가는 것이 세상이다. 서로 모든 것을 알려고 하는 것은 원래 불가능한 시도일지 모른다. 눈이 2개이고 코가 하나고, 입이 하나라고 해서 모두 서로 알 수는 없다. 인간을 포함한 생명체를 생김새가 유사하다고 동일 그룹으로 분류하는 것은 필요할지 모른다. 그러나 그것은 어디까지나 필요에 따른 분류일 뿐이다. 같은 사람이지만 절대로 이해되지 않는 순간이 있는 것은 서로 다른 존재 방식 때문이다. 마치 1+1=2라는 공식처럼 인간이 생물학적으로 동일 종이기 때문에 서로 알 수 있다는 논리는 성립될 수 없다. 1과 2 사이에는 우주만큼이나 많은 개연성이 있다. 1.1, 1.11, 1.111 등처럼. 사람과 사람 사이에도 우주보다 큰 공간이 놓여있다.

40

늘 기대하며 사는 사람

학창 시절 배운 성문 종합 영어책에는 케네디 대통령의 연설문이 있다. "여러분의 나라가 여러분을 위해 무엇을 해줄 수 있는지 묻지 말고, 여러분이 나라를 위해 할 수 있는 일이 무엇인지 물어보십시오"라는 구절이 인상적이었다. 말이란 것이 구체적인 요구가 모자라면 말장난에 빠질 수 있다. 케네디는 국민 개개인에게 주동적인 역할을 일깨우고 있다. 우리는 어떤가? 혹시 국가에 너무 많은 것을 요구하고 있지는 않은가? 나의 힘든 인생을 아예 책임지라고 수많은 요구를 하고 있다면, 국가가 무엇인지 생각해 볼 필요가 있다. 국가란 나와 같은 사람들이 모여서 생긴 연합체이다. 내가 창의적이고 능동적으로 움직이고 국가사회에 이바지하지 않는다면, 국가도 나의 기대를 채워줄 수 없다.

우리는 국가에만 기대하는 것이 아니다. 주변의 가족, 직장 동료와 상사, 편의점 직원 등 모든 사람에게 내가 누구인지 알아주고 나의 기분을 맞춰달라고 기대한다. 더욱 심각한 것은 내가 나에게 기대하는 것이 많다. 체중이 얼마여야 하고 아프지 않아야 하고 늘 멋진 사람이길 기대한다. 그러나 현실의 나는 답답한 면이 많다. 그래서 결국 나는 나를 비난한다. "나는 안돼, 나 같은 사람이" 애당초 왜 그렇게 기대가 많은지 생각해 볼 필요가 있다. 있는 그대로의 나, 있는 그대로의 가족, 친구, 동료, 국가를 받아들이지 않기 때문이다. 물론 사람이 더 나은 목표를 세우고 환경을 개선하려고 애쓰는 것은 바람직하다. 그러나 현재의 나와 너를 인정하지 않고 투덜댄다면, 출발점 자체가 흔들린다. 점프할 때, 출발점을 정확히 인식해야 도약할 수 있다. 현재의 나의 상태나 여건, 가족과 친구의 태도,

세상의 나에 대한 대접이 나의 기대를 충족하지 못한다고 불만을 품는 것은 어리석은 일이다. 상대방에 대한 기대감 중에서도 가장 흔하고 어려운 순간은 내가 친절을 베풀었는데도 상대가 미소로 응대해 주지 않고 오히려 오해하거나 부정적인 평가를 할 때다. 그럴 때는 "끽-끽-끽 나는 어떤 반응에도 흔들리지 않는 강철 갑옷을 입은 기계이다"라고 속삭이면 효과가 있다.

레몬이 주어지면 레몬주스를 짜고, 오래된 낡은 신발을 신고도 달리기를 잘할 수 있다. 현대인은 기대의 달인이다. 너무 모든 것에 대한 기대치가 크다. 기다리지 말고 내가 먼저 손을 내밀고 뚜벅뚜벅 걸어나가는 자세가 필요하다. 세상도, 지인도, 가족도, 심지어 나의 내면도 내가 먼저 현재의 나를 출발점으로 삼고 나의 계획대로 나아가면 나를 도와준다. 그러나 반대로 나는 아무것도 하지 않고 세상이 먼저 나를 알아주고 나에게 도움을 주기 바라면 안 된다. 누구나 자기 자신만을 생각하고, 다른 사람에게 관심을 잘 쓰지 않는다. 우리도 마찬가지다. 이제는 쓸데없는 기대감을 내려놓고 내가 나의 인생을 시작하는 것이 좋다. 비록 나의 환경이 황무지라고 느껴져도 그곳에 심을 나무나 꽃이 있다. 세상은 신기하다. 내가 먼저 불모지에 작은 꽃을 심고 있으면, 무슨 꽃을 심느냐고 물으면서 세상이 나에게 다가온다. 세상은 내가 기대하고 쫓아가면 달아나지만, 내가 숙연한 자세로 세상을 놓아주면 이내 다시 나에게 다가오는 것이 세상의 이치이다. 내가 어떻게 할 수 없는 질병도 고민하고 걱정하면 더욱 악화한다. 질병을 내 마음에서 진심으로 놓아주면 어느새 건강이 찾아온다.

41

대자연의 순환

몸에는 휴식을 취하는 부분과 태어나서 죽을 때까지 쉬지 않고 움직이는 부분이 있다. 팔과 다리, 몸통 자체는 매일 수면을 통해 일정 부분 휴식을 취한다. 그러나 몸통 안에 있는 심장과 폐 등 장기, 혈관 속 혈액은 80년 이상의 오랜 세월 동안 1초도 쉬지 않고 박동하고 호흡하고 혈액을 순환시킨다. 초등학교 시절 자연 실습 시간에 개구리 해부 수업이 있었다. 인간이 무슨 권리로 다른 생명체를 해부하는지 모르겠다. 당시에 배가 열린 개구리의 조그만 심장이 뛰고 있는 모습을 본 적이 있다. 어린 시절이었지만, 개구리가 불쌍했고, 동시에 너무나 신비한 감정을 느꼈다. 그 이후 나도 모르게 힘든 일이 있을 때마다 손목의 맥박을 만지면서 내 속에서 평생 쉬지 않고 움직이는 혈액과 심장의 힘에 외경심을 갖고 힘든 일을 극복한다.

점점 몸속의 혈액이 끝없이 바다로 흘러가는 계곡의 물처럼 느껴진다. 강물은 바다로 흘러들어 수증기 형태로 하늘에 올라갔다가 구름이 되었다가 다시 비가 되어 내린다. 그러나 사람의 혈액은 발바닥까지 흘러갔다가 중력을 극복하고 다시 하늘 쪽에 있는 심장으로 돌아간다. 혈액 펌프인 다리 근육의 수축과 이완작용이 발까지 내려온 피를 다시 심장으로 되돌려 보낸다. 사람의 심장은 하루에 약 1만 리터의 혈액을 심장에서 밀어낸다. 하늘에서 내려 바다로 흘러들어온 빗물과 심장에서 발바닥으로 내려온 생명체의 피가 다시 원래의 자리로 돌아가는 과정이 다르다. 내려갈 때는 빗물이나 혈액이 모두 중력이라는 미끄럼틀을 탄다. 그러나 땅에 도달하면 인간에게는 다리에 설치된 근육 펌프가 혈액을 다시 심장으로 끌어올려 준다. 그래서 사람의 다리 근육이 중요하다. 열심히 걸어서 다리 근육을 강화하는 것은 심장의 혈액 회수를 돕는 것이다. 반면에 순환 펌프가 없는 바다에 도착한 빗물은 자신의 형태를 물에서 공기로 해체한 다음 증발 원리를 활용해 하늘로 복귀한다. 물은 늘 높은 곳에서 낮은 곳으로 흐른다. 그러나 낮은 목표 지점에 도달한 물은 신비한 방식을 통해 다시 원래 출발한 자리로 돌아간다. 분명히 내 몸속에서 일어나는 혈액의 순환 과정도 자연이 일으키는 대순환 과정의 일부다.

우리가 매일 먹는 주요 영양소인 탄수화물은 수소, 산소, 이산화탄소의 결합물이다. 우리가 공기를 통해서도 산소와 이산화탄소, 수소를 흡입한다. 마치 수소 원자 2개와 산소 원자 1

개가 물이 되었다가 다시 얼음으로 변하는 것처럼 수소, 산소, 이산화탄소가 결합하여 쌀로 변한다. 사실, 온 우주가 주로 수소, 산소, 이산화탄소, 질소로 구성되어 있다. 생명체가 심장의 박동을 멈추면, 몸에 흙이 덮인다. 이때부터 지구의 땅속에 광범위하게 펴져있는 곰팡이인 진균이 죽은 몸을 해체하고, 육신을 다시 수소, 산소, 이산화탄소로 분해한다. 이렇게 분해된 수소, 산소, 이산화탄소는 다시 식물의 대사과정에 참여한다. 식물들은 살아있는 생명체가 뿜어내는 이산화탄소를 흡수하는 대신 다시 땅속에서 받은 산소를 생명체들에게 전해준다. 심지어 생명체의 분뇨도 식물과 곡물의 비료로 사용된다. 이처럼 우리가 나무, 식물, 곡식, 물, 진균, 공기와 대순환 과정에서 하나의 일체 속에서 움직이고 있다. 우리는 식물하고만 산소와 이산화탄소를 교환하고 있지 않고, 주변의 모든 사람과도 애완견하고도 산소와 이산화탄소를 매 순간 교환하고 있다. 코로나 19나 담배 연기는 교환의 증거일 뿐이다.

42

상대방의 말 경청하기

세상에는 자신을 선구자라고 생각하는 사람이 있다. 어색한 분위기에서 아무도 나서지 않을 때, 자신이 나서서 먼저 말을

하는 사람이 있다. 또한, 어떤 이유로 친구나 지인과 불편한 관계가 지속할 때, 다시 관계 회복을 위해 먼저 말을 건네는 경우도 많다. 그렇지만 중요한 경우가 아닌 상황에서도 먼저 말을 자주 하는 사람은 안타깝게도 남의 말을 경청하는 훈련이 부족한 경우일 수 있다. 자신은 다른 사람과 관계를 회복하거나 전체의 분위기를 개선하기 위해서 먼저 나선다고 생각한다. 그러나 많은 경우에 상대방은 그런 나섬을 달가워하지 않을 수도 있다. 그리고 먼저 나서서 말을 많이 하다 보면, 실수하거나 불필요하게 약점이 잡힐 수도 있다. 사람들은 누구나 자신이 우주의 중심이라고 생각한다. 같은 몸살로 아파도 나의 아픔이 타인의 아픔보다 크다. 타인의 생각은 답답하고, 내 생각은 옳다고 느껴진다. 이렇게 자기중심적인 사람들 앞에서 마치 선구자라도 된 것처럼 먼저 나서서 말을 하거나 행동을 하는 것은 손해를 볼 가능성이 크다. 상대방도 말할 것이 있지만, 인내하고 있다는 사실을 깨달아야 한다. 말이 없어도 느낌으로 상대의 마음을 알 수 있어야 한다.

간혹 나의 순수한 노력을 인정받는 대신, 잘난 체를 하는 사람으로 오해받기도 한다. 왜냐하면, 상대방은 아직 나의 의견을 받아들일 준비가 되지 않았기 때문이다. 따라서 불편한 상황에서는 상대가 먼저 나의 의견을 요청할 때까지 기다려 주는 것이 도움이 된다. 만약 상대가 진정으로 나의 입장을 원해서 물어온다면, 그때 나의 답변은 오히려 칭찬을 받는다. 입은 하나이고 귀가 2개인 이유도 먼저 남의 말을 경청하라는 상징으로 보인다. 데일 카네기는《인간관계론》에서 어떤 사람의 말을 잘 들어주기만 했는데, 그 사람이 제삼자에게 나의 대화술이 매우 뛰어나다고 나를 평가한 일화를 소개한다. 긴급상황이나 반드시 전달해야 할 객관적인 정보가 있을 때는 먼저 나서서 전달하는 것이 옳다. 그러나 대부분의 인간관계에서는 상대의 말을 우선 경청해 주고 나서, 상대의 요청에 따라 나의 의견을 밝히는 습관이 매우 중요하다. 인간관계에서 의사소통이 안되는 상황은 내가 먼저 나서서 말을 오래 하면 발생한다.

43

깨어있는 사회

인간의 생각하는 힘은 우리가 예상하는 것보다 훨씬 크다. 우리가 사는 세상에 대해 어떤 생각을 하고 있느냐가 우리 삶의 방향과 정체성을 결정한다. 과거에는 우리 민족이 단일민족이자 백의민족이며 평화를 사랑하는 민족이라고 배웠다. 또한, 널리 세상을 이롭게 한다는 의미의 홍익인간이 우리 민족의 고대 이념으로 알고 있다. 사회적인 공동체 생활인 향약이나 두레가 우리 전통사회의 기초라고 배웠다. 지금 우리의 현실은 어떤가? 전 세계에서 2등이라면 서러울 정도의 경쟁심과

편 가르기, 내로남불이 한국 사회의 지배 이념이 되었다. 공동체에 반하고 비인간적인 뉴스가 언론에 도배되고 있다. 우리가 역사 교과서에서 배웠던 우리 조상들의 아름다운 정체성이 어디로 가버렸는가! 사람들이 너무 자연스럽게 현실 사회의 가치관에 순응하며 산다. 여기저기서 먹고살기가 힘들다는 원성이 들린다. 그런데 우리의 경제력이 세계 10위라고 하며, 한류가 세계인의 사랑을 받고, 많은 개도국이 한국의 발전 모델을 배우고자 한다. 뭔가 이상하다.

도대체 우리 사회에 무슨 일이 일어나고 있는지 궁금하다. 자본주의, IT 기술과 콘텐츠, 스마트폰과 인공지능이 정말로 한국인의 고유한 정체성을 무너뜨리고, 단지 이익의 극대화만을 추구하는 가치관을 만들고 있는가? 개도국들은 한국 사회 내부의 문제들을 모르고 화려한 외적 성장 모델만을 배우려고 하는 것일지도 모른다. 불과 수십 년 전만 해도 젊은 사람들이 거리에서 사회 개선을 위한 의견을 표출하는 것이 일상사였다. 지금은 모든 것이 완전한 이상 사회라서 모두 온종일 스마트폰만 보고 있는 걸까? 아니다. 모두가 힘들다고 한다. 그런데 왜 그냥 이대로 살아가는지 궁금하다. 서로 싸우고 공격하고, 나의 일이 아니라도 제삼자의 몰락을 즐거워하고, 뻔뻔하고, 어린이들을 학대하고, 모든 사회적 계층 간에서 대립과 갈등이 현재 우리 사회의 가려진 모습이다.

머지않아 코로나 19가 종식되고, 수출이 좀 더 늘어나고, 인플레이션이 잡히면 우리 사회의 지배적 가치관이 바뀔까? 그렇지 않을 것이다. 오직 우리가 과거에 어떤 정체성을 가졌던 민족인지에 대한 자각을 통해서만 한민족의 기상을 다시 회복할 수 있을 것이다. 지금은 옆집에 누가 사는지도 모르고 친척들과도 모르고 산다. 그보다 큰 개념인 사회나 민족의 정체성을 이해하기는 더욱더 힘들다. 정치 이념 문제를 논하기 이전에 우리 민족이 수천 년간 가졌던 평화 지향적인 가치관과 상부상조하는 공동체 정신이 무엇인지에 대한 사회적 논의가 필요하다. 외국에 입양 간 한국인 자녀가 성인이 되어 자신을 낳아준 부모를 찾는다. 우리도 이제 우리를 낳아준 우리 조상들의 공동체 정신을 다시 찾아볼 때가 되었다. 지금처럼 스마트폰만 보면서 공중 해체되고 있는 우리 사회를 계속 바라볼 수는 없지 않은가.

44

젠틀맨 사회

어려서부터 서양 영화나 드라마에서 느낄 수 있는 공통 특징이 하나 있다. 늘 정의가 승리한다는 철학이 배경에 깔려있고, 남자 주인공이 대부분 젠틀맨으로 묘사되는 점이다. 젠틀맨에게는 다양한 요소가 있겠지만, 약자나 타인을 배려하고 예의 바르고 가족을 중시하는 자세가 강조되는 것 같다. 영화에서뿐 아니라, 실제 삶에서도 서양인들의 타인 배려 모습을 쉽게 볼 수 있다. 예를 들어 버스나 지하철, 엘리베이터를 기다릴 때 일부러 줄을 서지 않고 있다가도 차가 오면 자연스럽게 어린이, 약자, 여자, 남자 어른 순서로 차례를 양보해 준다. 물론 서양 사회에도 현실의 세계에서는 무례하고 타인을 배려하지 않는 사람도 있다. 최근에는 유럽에 난민들의 유입이 늘어나면서 외국인에 대한 공격도 발생한다. 그러나 근대 서양 사회가 사회 계약설과 민주주의라는 철학에 따라 탄생함에 따라, 서구인들의 생각에 서로의 이익을 지켜주는 것이 곧 나에게도 이익이 된다는 의식이 있는 것 같다. 길에서도 처음 본 행인이 길을 물어보면 대부분 친절하게 안내해 준다. 운전 중에 2개의 차선이 합쳐지면 늘 교대로 두 차선에서 차량이 1대씩 순서대로 나아간다. 우리 도로에는 늘 끼어드는 차가 있고 잘 비켜주지 않는다. 굳이 서양 사회가 지향하는 젠틀맨 정신을 거론하는 이유가 있다. 우리 사회가 점점 너무 각박해지는 것 같아서이다. 운전할 때 상대 차량의 상태를 보고 미리 양보해 주는 경우가 많지 않다. 필자는 젊은 시절 독일에서 초보 운전을 할 때, 필자의 미숙한 운전 실력을 보고 양보해 준 독일 사람들이 생각난다. 특히 신호등과 무관하게 건널목에 사람이 건너면 언제나 차량이 철저하게 정지하는 것을 목격했다. 우리 사회에는 간혹 지하철의 임산부 자리에 앉아있는 아저씨도 있다. 길거리 사람들의 얼굴에 밝은 미소가 별로 없다. 터널 구간에 자전거를 타지 말고 끌고 가라는 안내문도 지키지 않는다. 지나가는 사람에게 길을 물어보면 친절한 안내도 드물지만, 아예 답변도 없이 지나가는 사람도 종종 있다. 세상에 왔다가 언젠가는 떠나는 인생들인데, 이렇게 각박하게 살아가는 삶이 매우 고단하리라 생각된다. 우리 사회에 깊이 뿌리내린 불신과 다양한 집단 간 갈등을 진정으로 해소해야 한다. 경제회복도 중요한 국가적 과제이지만, 우리가 살아가는 공동체 구성원들 간에 상호 신뢰를 회복하고 서로 배려하는 문화를 구축하는 것이 더욱 큰 도전이다. 사회적 지도자들의 젠틀맨 같은 태도나 자세가 매우 중요하다. 또한, 우리의 모든 신문, 방송, 영화, 드라마 등 공익 보호 성격이 강한 매체의 콘텐츠에 젠틀맨의 철학이 반영되기를 기대한다.

45

개인으로서의 나와 인류로서의 나

사람과 자동차를 비교해 본다. 자동차는 시동을 켜야만 엔진이 움직인다. 그러나 사람은 사실상 24시간 내내 엔진이 켜져 있는 상태다. 쉬지 않고 심장이 뛰고 혈액이 흐르고 폐에서 산소와 이산화탄소가 교환되고 있다. 어떻게 보면 인간은 쉬지 않고 엔진이 켜져있는 자동차이다. 잠을 잘 때는 기어가 주차에 맞춰져 있어 몸이 움직이지 않을 뿐이지만 엔진은 켜져있다. 아침에 눈을 떠서 잠이 들 때까지 의식과 생각이라는 신비한 장치를 통해서 매 순간 선택을 한다. 앞으로 나아갈지, 이 자리에 머물지, 아니면 뒤로 갈지를 선택한다. 뛰어갈지, 걸어갈지도 택한다. 의식적으로 선택을 안 하면, 프로이트가 발견한 잠재의식이 의식을 대신해서 선택을 한다. 사람은 하루 활동 중에서 대부분을 무의식적으로 한다. 나도 모르게 무엇을 쳐다보거나 원치 않는 생각들이 떠오르거나 보이는 것마다 먹고 싶은 생각이 잠재의식의 선택과 연관되어 있다.

이처럼 사람이라는 자동차를 움직이는 힘은 의식과 잠재의식이라는 두 가지의 힘이다. 의식과 잠재의식이 두 가지의 별개의 힘이라기보다는 하나의 힘이 두 가지로 나누어 작동되고 있다고 보는 것이 타당하다. 잠재의식이란 결국 오랜 세월 동안 반복된 의식적인 선택이나 활동이 패턴화되어 몸에 체화된 프로그램으로 이해할 수 있다. 더는 의식적으로 새로운 선택을 할 필요가 없으면, 잠재의식에 패턴으로 기록되고 매번 의식의 간섭 없이도 자동으로 활성화된다고 볼 수 있다. 결국, 모든 잠재의식의 선택도 과거에 내가 내린 의식적인 선택의 결과이다. 여기에서 한 가지 문제가 있다. 내가 내린 무의식적인 행동을 분석해 볼 때, 상당 부분은 과거의 나의 경험이나 교육에서 비롯된 것으로 이해된다. 그러나 간혹 어떤 무의식적인 행동들은 아무리 분석해 보아도 이해가 되지 않을 때가 있다. 일부 철학자들이나 심리학자들의 주장에 따르면, 전체 인류의 과거 경험이나 조상들의 경험이 나의 잠재의식에 유전되어 있다고 한다. 칼 융은 이를 집단 잠재의식으로 보았다. 즉 나의 어떤 무의식적인 행동들은 나의 과거와는 무관하게 나의 몸에 집단 인류 유전자의 형태로 입력되어 있고, 나의 행동으로 나타난다는 것이다. 권투나 축구 경기를 볼 때 광분하는 군중의 반응이 나와 너의 잠재의식에 공통으로 각인되어 있다는 주장이다. 남의 아픔을 고소하게 여기는 태도나 험담도 인류 전체의 집단 무의식에 새겨져 있다고 한다.

여기에서 어려움이 발생한다. 나의 직접적인 체험으로 형성된 나쁜 버릇은 최소한 나의 의식적인 깨우침과 노력을 통하여 고칠 수 있다. 그러나 나의 직접적인 삶과 관계없이 나의 살과 뼈에 무의식적으로 각인된 전체 인류나 조상들의 부정적인 태도 패턴을 어떻게 개선할까? 나의 의식이라는 안테나에 잡히는 열 가지의 부정적인 무의식적인 습관이 있다. 그중에서 5개는 이해가 되고 나머지 5개가 이해가 안 된다면, 후자를 인류 전체의 집단적인 문제이거나 내가 모르는 조상의 문제라고 이해할 수 있다. 그러나 이해가 되건 되지 않건 열 가지 모두 나의 몸인 자동차에 고장 상태로 나타난다. 해답은 개인적인 나와 전체 인류의 일부인 나를 동시에 이해하는 데 있다. 지금까지 너무 나라는 개인적인 경험에만 의존해 왔다. 이제부터는 전체 인류 속에서 나의 위치를 인식하는 노력이 필요하다. 인류 전체의 문제를 나의 문제로 여기고 책임지려는 자세가 있어야만, 내 몸속에서 일어나는 알 수 없는 집단의 문제를 나의 문제로 처리하게 된다. 타인을 사랑하고 배려하는 것은 전체 인류라는 집단 속에서 또 다른 나를 사랑하고 배려하는 것이다. 또한, 나는 인류의 부분이기 때문에 나의 문제를 먼저 고쳐야만 전체 세상의 문제를 고칠 수 있다.

46

터부

터부의 사전적인 의미는 사회적인 관념이나 미신 또는 종교적인 관념에 따라 특정 행위를 금한다는 뜻이다. 모든 사람이 알고 있는 사실도 터부에 해당하면, 말하거나 행동하기가 어렵게 된다. 인간 사회의 모든 영역에서 터부가 영향을 미치지만, 특히 글을 쓰는 세계에서 터부가 적용된다. 글의 주제나 내용이 터부의 범주 내에 해당하면 아예 제외하거나 은유적으로 표현한다. 아무런 제한 없이 솔직하게 글을 쓰기는 불가능하다. 터부를 다루는 작가는 사회적으로 인정받기 어렵게 된다. 원래 터부라는 개념이 원시 전통사회에서 탄생하였다. 따라서 원시적이고 미신적인 사회를 지배하였던 인간의 본성, 공동체 생활, 남성과 여성, 성의 정체성, 가족관계, 패션, 인간과 동물과의 관계 등이 터부의 핵심을 이룬다고 볼 수 있다. 터부의 구체적인 내용이 책이나 법에 명시적으로 기술되어 있지는 않다. 그러나 사람들의 집단적 잠재의식 속에 각인된 듯하다. 물론 구체적인 금기 사항의 범위가 전통과 환경에 따라서 사람마다 다를 것이다.

분명한 점은 글을 쓸 때, 어떤 내용이 터부에 해당한다고 생각하면 그 내용을 구체적으로 다루기가 어렵다는 마음이 든다. 마치 양심에 꺼리는 일을 하기 어려운 것과 비슷하다. 그러나 터부에 해당하는 주제가 지하 감옥 속에 꽁꽁 갇혀 있다면, 인간이 어떤 존재인지 영원히 알기 어려울 것으로 보인다. 자연과학에서는 최소한 실험실 차원에서는 모든 현상이 실험의 대상이다. 물론 자연과학에서도 인간의 생명, 인간 복제, 성 윤리 등에서 실험 분야에 제한이 있다. 하지만 인문학과 철학의 주제에서 금기시되는 터부의 영역보다는 자유롭다고 볼 수 있다. 과학적 실험은 제한된 공간에서 소수에 의해 이루어지지만, 글은 대중에게 공개되기 때문에 제한되는 터부의 영역이 훨씬 넓다.

터부가 인간 사회를 유지하는 순기능이 있을 수 있다. 아마 인간의 어두운 구석을 아무런 제약 없이 떠들게 된다면 윤리나 도덕, 철학과 신앙의 영역에 큰 혼란이 일어날 것이기 때문이다. 다다이즘이나 쉬르레알리즘 같은 초현실주의나 히피나 집시 운동이 분출하려는 대상도 사실은 터부를 깨보려는 시도일 것이다. 그러나 이러한 움직임도 결국 사회 유지라는 거대한 힘 앞에서 오래 견디지 못한다. 어떻게 보면, 남자가 미니스커트를 입지 않고 손톱과 발톱에 매니큐어를 바르지 않는 것도 은연중 나타나는 터부이다. 다만, 연극에서만 풍자적으로 허용된다. 그러한 연극에서의 간접적인 터부 표현을 카타르시스라고 부른다. 홍길동이 아버지를 아버지라고 부르지 못하는 것과 비슷한 상황이다.

결국, 터부의 가치는 시대마다 인간 사회가 혼란에 빠지지 않고 질서 있게 유지되도록 하는 보이지 않는 중력과도 같다. 그러나 21세기에는 과학의 발전으로 그동안 조상들이 터부를 통해 절대적으로 신봉했던 인간의 육체나 정신 영역과 사회 유지에 금이 가기 시작했다. 번개가 더는 신의 노여움이 아니라는 점이 밝혀졌다. 유전자 편집을 통해 특정 성향을 지닌 아이의 탄생, 100세 시대, 인간 복제, 동물과 인간 간의 장기이식, 인간의 몸과 기계의 연결, 인공지능과 인간의 공존 등이 과연 인간이 무엇인가에 대한 새로운 규정을 요구하고 있다. 오랜 옛날부터 인간의 마음을 집단으로 지배해 오고 있는 '하지 마'라는 터부의 영역이 인간에 관한 규정 자체가 재편성되고 있는 21세기 이후에 어떤 도전을 받게 될지 궁금하다.

WALKING

WHILE

THINKING

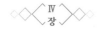

IV
장

늘어난
수명과
새로운 생활
자세

47

100세 시대에 노인으로 산다는 의미

헬조선이라고 외치며 삶에 희망을 상실한 젊은이들이 많다. 그래도 인생이 살만한 가치가 있다는 희망을 줄 수 있는 사람은 나이가 들어서도 맑은 정신으로 품위 있게 살아가는 노년기의 사람일 것이다. 60세가 넘으면 늙고 병들어서 세상에 의지해야만 하는 연약한 노인의 모습을 말하는 것이 아니다. 초롱초롱한 눈빛으로 의연하게 제2의 인생을 살아가는 도인의 모습이 청년들에게 롤모델이 될 수 있다. 우리나라도 2025년이면 65세 인구가 전체 인구의 20%가 넘을 거라는 예측이 있다. 그때까지 전쟁이 없다면 그럴 것으로 생각한다. 여론은 의료보험재정만 축내면서 늙고 생산성이 없게 될 노령 인구 계층의 도래를 비관적으로 반복해서 전망한다. 궁금하다. 왜 미리 미래의 노년층을 비생산적인 잉여 인간으로 규정하고 미래를 암울하게 여길까? 시간이 우주선처럼 빨리 흘러감에 따라, 지금의 청년 세대도 눈 깜짝할 사이에 노년기에 접어들 수 있다. 결코, 남의 일이 아니다. 21세기가 맞고 있는 연장된 수명의 노인 인구 증가는 누구나 피할 수 없는 오늘의 내일이다.

만약 어느 젊은이가 지나가는 노인을 보고 젊은 자신과 분리하고 마치 자신은 영원히 젊을 거로 생각한다면, 그 사람은 인생이 무엇인지, 시간의 흐름이 무엇인지를 망각하고 있다. 유명한 말처럼, 인생이란 태어나서 늙고 병들고 죽는 것이다. 누구도 이러한 인생 공식에서 벗어날 수 없다.

2022년 한국인의 평균수명은 83.5세다. 앞으로 인간이 평균 100세를 살게 된다고 해도, 젊음과 나이 듦의 교체는 피할 수 없다. 사람들이 노년기를 대비해서 저축이나 금전적인 투자를 한다. 신기한 점은 언젠가 자신에게 닥쳐올 육체적, 정신적인 노화 현상을 현명하게 이겨낼 장기 계획을 세우지 않는다는 점이다. 나이가 들면서 노화가 진행되는 것은 맞다. 젊어서부터 건강한 심신 습관과 마음의 평화를 유지하는 사람은 건강하게 늙는다. 건강하게 늙는 것은 노화이고, 나이 들어 다른 사람의 도움을 받아야만 하는 상태를 노쇠라고 한다. 주변을 돌아보라. 70세가 넘은 나이에도 건강한 사람이 있는가 하면, 50세에 벌써 몸을 힘들어하는 사람도 많다. 이 세상을 다 얻어도 건강하게 늙어갈 수 없다면 무슨 소용이 있을까? 세계 장수마을 사람들의 습관을 통해 알려진, 건강한 삶의 방식은 의외로 단순하다. 무슨 음식이거나 잘 먹고, 천천히 먹고, 소식하고, 열심히 걷고, 욕심내지 않고, 여유를 갖고, 남을 돕는 삶이다. 65세 이상 노년층의 의료비가 너무 많아서 의료보험재정의 적자가 많다는 뉴스가 계속 들려온다. 만약, 그러한 사후 의료비의 일부라도 어려서부터 전 국민에 대한 평생 건강 습관 마련을 위해 사용된다면, 늙어서 사회 전체적으로 막대한 의료비 지출을 줄일 수 있을 것이다. 우리가 먹는 음식 재료를 건강하게 생산하고 유통하는 사회적 생산과 공급망에 투자하는 것이 필요하다. 가정, 학교, 기업, 사회가 연대하여 전 국민에게 건강한 마음과 라이프스타일을 제공하는 프로그램 운영에 재원을 투자해야 한다. 사회적으로 거대한 정신 건강 시스템과 헬스클럽을 형성하자는 말이다. 지금처럼 의료비를 많이 지급하면서도 사람들의 정신과 육체 건강이 점점 나빠지는 사회는 전체적으로 실패한 사회이다.

세상에 대한 관점을 바꾸고, 사회적 제도와 개인의 인식을 수정해야 한다. 예를 들어, 건강한 식자재 생산 기업을 시상하는 전국 경연대회 개최, 건강하고 저렴한 식사 메뉴를 제공하는 기업에 명예박사 학위와 훈장 주기, 건강한 지혜를 마을마다 널리 알리기를 실천할 필요가 있다. 모두가 머리를 맞대고 앉아, 현재의 직업 체계를 대폭 수정해서 60세 이상의 노년층에게 어울리는 다양한 평생 일자리를 획기적으로 개발할 필요가 있다. 만약 한국의 모든 기업이 사회 기여 차원에서 1개의 사회적기업을 만들고 그곳에 60세 이상 노인들을 채용한다면, 엄청난 일자리가 생겨나리라 생각한다. 60세가 넘어서 일을 할 수 있다면, 정신과 몸이 건강해지고 의료비 지출 등 사회적 비용도 대폭 줄어들 것이다. 어차피 현재의 젊은이들도 머지 않아 겪게 될 나이 듦을 위해서도 중요하다. 나이란 숫자일 뿐이다. '너무 젊다, 늙었다'로 구분할 필요가 없다. 지구의 나이가 46억 년을 지났다고 해서 공전을 않거나 생명체에게 터전을 제공하는 역할을 못 하는 것은 아니지 않는가! 건강하고 균형 잡힌 삶을 사는 사람인가 아닌가로 비교해야 한다. 과학 기술이 발달하면 할수록 달력 나이에 의한 수명은 연장될 수밖에 없다. 65세 이상 인구가 언젠가 우리나라 인구의 50% 이상을 차지한다고 해서 아무것도 달라지지 않는다. 인류는 그렇게 나아갈 수밖에 없다. 레몬이 주어지면 레모네이드를 만들면 된다.

48

심신의 면역 강화와 암의 극복

필자는 건강을 위해서 하루 1만 보 걷기를 3년 전부터 실천하고 있다. 오래간만에 내린 귀한 눈길을 걸을 때면 마음이 포근해진다. 신발 바닥에서 느껴지는 뽀드득뽀드득하는 소리가 너무 정겹다. 누구나 그렇겠지만, 초등학교 시절에는 눈이 오면 개나 사람이나 가릴 거 없이 마음껏 눈길에서 뒹굴면서 뛰어놀았던 생각이 난다. 골다공증 때문에 넘어지면 큰일 난다는 생각은 아예 몰랐다. 발뒤꿈치를 축으로 신발 도장을 눈 위에 동그

랗게 찍으면 눈꽃이 탄생하였다. 요즘은 서울 시내의 웬만한 도로들은 눈이 오자마자 바로 눈 청소를 하므로 눈이 왔어도 제대로 된 눈길을 걸어보기가 쉽지 않다. 도시의 콘크리트 아파트에서 자라는 아이들에게 눈길에서 마음껏 뒹굴면서 노는 기회마저 점점 사라지는 거 같다. 세상을 살아보니 눈사람을 만들고 눈싸움을 했던 가슴 벅찬 기억으로 남는 순간들이 그렇게 많지 않다. 그래도 필자 세대는 아침부터 저녁까지 학교, 학원으로 전전하는 요즘 어린아이들보다는 행복했다고 생각한다. 학교가 끝나면 친구들하고 종일 돌아다니면서, 작은 물가에서 물장구도 치고 빨간 산딸기를 따 먹었던 기억이 선명하다.

아들이 다니는 회사에서 복지 차원에서 직원 부모 중 한 사람에게 종합 의료검진을 해준다고 알려주었다. 몇 달을 미루다가 반년 전에 선릉에 있는 건강검진센터를 방문했다. 그동안 건강보험공단에서 하는 검진 항목에 포함되지 않은 검사들이 몇 개 있었다. 그중에서 갑상선 초음파는 평생 처음으로 해보았다. 원래 종합검진 결과는 수검자들이 많아서 한 달이 지나야 알 수 있다. 그런데 필자는 원래 다니던 병원에 필요해서 초음파 결과만 미리 받아보았다. 여러 초음파 소견 중에서 갑상선에 결절이 2개 있다는 소견과 함께 전문의 검진을 받아보라는 내용이 눈에 띄었다. 그래서 인터넷을 검색해 보니, 초음파를 해보면 성인의 절반에서 결절이 발견되지만, 조직검사를 하면 대부분 양성이고 약 5% 정도가 암이라고 한다.

어찌 됐든 양재에 있는 갑상선 전문의를 찾아서 정밀 검사를 받았다. 며칠 후 조직검사 결과에서 좌측 결절(0.9cm)이 유두암으로 진단되었다. 결과를 들으러 병원에 갈 때는 좋지 않은 결과가 나올 것이라고 전혀 생각하지 않았다. 그러나 의사 선생님의 입에서 암이라는 설명이 있자, 일단 당혹스러웠다. 오랜 세월 정신과 육체의 건강에 대해 생각해 써온 필자로서는 암에 대한 나 자신의 대응이 그동안 심사숙고해 온 인간의 정신과 생각에 관한 깊은 탐사를 할 수 있는 커다란 기회로 인식되었다. 특히 나의 몸이 내 소유물이 아니라 나에게 맡겨진 관리대상이란 평소 인식이 강화되었다. 이러한 생각의 변화가 깊은 마음의 평화를 주었다. 오히려 걱정해 주는 주변 사람들을 안심시켜 주기가 어려웠다.

어떤 연유인지 모르지만, 몸에서 비정상적인 세포가 발현했다는 사실은 나의 삶의 어떤 부분이 균형 잡히지 않았기 때문이다. 운 좋게 수술 일정이 쉽게 잡혀서 진단 1주일 후에 갑상선 절반을 절제하는 수술을 받았다. 평생 처음 들어와 본 수술장은 신기했다. 무엇이 있나 둘러보고 있는데 마취 선생님이 마취한다고 했다. 그리고 깨어보니 벌써 수술이 끝나있었고 회복실에 누워있는 나를 발견했다. 수술 후 회복실에서 의식이 들었을 때, 처음 한 행동은 조용히 목소리를 내보았다. 다행히 목소리가 유지된 것 같아서 기뻤다. 이제 어느 정도 나이가 들었으니, 이번 수술로 계속 수리하고 관리해야 할 신체 항목이 하나 늘어났다. 그동안 60년이나 나에게 갑상선 호르몬을 분비해 주고 떠난 수술로 절제한 부분에 대해서도 그동안 수고했다는 마음을 전했다. 이번 수술 경험을 통해서 정신과 육신의 연결에 대해 더욱 깊이 느꼈다. 그리고 가족의 소중함을 다시 한번 알게 되었다.

급속한 현대 문명 속에서 사람들이 너무 많은 것을 상실하고 있는 것 같다. 과학 기술을 앞세운 현대 문명이 주는 가장 큰 문제점은 매사에 너무 많은 위험성을 계산하는 습관이다. 어떤 현실을 보더라도 그 속에 담겨있는 엄청난 아름다움과 풍요함을 보지 못한다. 언제나 극히 일부인 장애물만 과도하게 분석한다. 예를 들어 몸의 한 곳이 아프다고 치자. 대개 종일 아픈 곳만 생각하게 된다. 아픈 한 곳을 빼고는 사실 몸의 모든 다른 부분은 정상적이다. 그래서 내가 살아있는 것이다. 세상에서 큰 실패를 했을 때, 이제는 나에게 아무것도 없다고 느껴질 때가 있다. 그러나 잘 생각해 보자. 아직도 살아갈 몸이 있고, 나를 아껴주는 가족과 친구도 있고, 걸어 다닐 수 있는 길도 있고, 새 꿈을 펼쳐볼 수 있는 세상도 여전히 있다. 아직 모든 것이 사라진 것은 아니다. 다만 내가 나의 문제만을 부각해서 보기 때문에 다른 가능성이나 주변의 풍성함이 감추어져서 보이지 않을 뿐이다. 인생이 우리에게 제시하는 어떤 어려움이나 문제도 시간이 지나면 우리가 감당할 만한 수준으로 다가온다. 그렇지 않다면 우리는 그 문제의 무게에 눌려서 더는 이 세상을 살 수가 없다. 어떻게든 우리가 아직 살아있다는 것은 어떤 상황보다 우리의 삶이 더 크다는 의미다.

　의학 전문가들에 따르면, 약 60개 조에 달하는 인간의 세포는 평균적으로 11개월 만에 수명을 다하고 새로운 세포로 바뀐다. 그러나 하루에도 약 수백 개의 세포가 정상 궤도를 벗어나서 암세포로 변한다. 즉 세포 수명을 다해서 죽지 않고 변형된 채로 살아남는다는 의미다. 매일 생성되는 이런 수백 개의 내부 암세포나 외부에서 몸에 들어온 독성 발암물질도 보통은 훨씬 많은 인간의 면역세포에 의해서 괴멸된다. 그러나 인간이 과도한 스트레스, 과식, 과음 등 비균형적인 생활 습관을 수십 년 지속하면, 살아남은 일부 변형 세포들이 인간의 몸을 공격할 정도의 크기 암세포로 성장하게 된다. 생각이 단순한 사람이나 미친 사람은 암에 걸리지 않는다고 한다. 암 환자 중에는 예민한 사람이 많다고 한다. 필자도 예민한 편이었다. 사실 암이 발병하기는 참으로 어려운 일이다. 수십 년간 나쁜 생활 습관을 통해서 인간의 면역체계가 고장 나기 전에는 초기 암세포가 살아남아서 인간을 공격할 수준으로 커지기는 어렵기 때문이다.

　그런데도 보건복지부 발표(2022년 12월 28일 자)에 따르면, 암 환자 수치가 놀라울 정도다. 우리나라 국민이 현재 83.5세인 기대수명까지 생존할 때 암에 걸릴 확률이 남자는 5명 중 2명

(39%), 여자는 3명 중 1명(33.9%)으로 나타났다. 이러한 사실은 얼마나 많은 사람이 건강하지 않은 생활 습관 속에서 용감하게 살아가는지를 여실하게 말해준다. 젊어서부터 건강한 생활 방식을 유지하는 것이 좋다. 인류는 빙하기도 겪었고, 페스트 등 수많은 역병을 이기고 지금에 이르렀다. 인간의 면역체계는 몸과 정신이 존중을 받으면 엄청난 힘을 발휘한다. 늦었지만 암에 걸린 후라도 사람 몸에 심어진 엄청난 면역능력을 믿고 건강한 생활 습관을 추구한다면 어떤 암이나 중병도 극복할 수 있다고 믿는다. 실제로 의사들도 포기한 말기 암 환자들이 종종 생활 습관을 바꿔서 암을 극복한 사례들도 많이 있다. 암을 포함한 모든 병은 인간에게 건강하게 살아가라는 신호이다. 신호를 잘 따르는 사람은 건강을 회복하고 다시 잘 살 수 있다. 하늘이 인간의 몸에 부여한 면역체계가 제대로 작동하려면 인간의 몸에 적합한 생활 습관이 뒤따라야 한다. 몸의 면역체계는 태어날 때 기본 옵션으로 주어진 것이지만, 건강한 생활 습관은 인간이 스스로 선택하고 열심히 실천해야 한다.

몸뿐만이 아니다. 인간의 정신에도 매일 겪는 사소한 심리적 문제들은 스스로 이겨내는 자연 치유 능력이 있다. 그러나 성장기에 겪은 가정에서의 심각한 학대, 폭력, 배반과 버림 등은 인간의 감정 표현을 장기간 억누르고 인간이 가진 기본적인 정신치료 능력으로는 해결되기가 어렵다. 2014년 개봉된 영화 〈루시〉를 보면, 루시가 특별한 화학물질에 노출되어 뇌의 능력이 24%, 나중에 99%까지 늘어나 초인적인 힘을 발휘한다. 과학적 속설에 의하면, 보통 사람들도 원래 자신의 정신적인 능력을 100% 발휘하지 못하며 대략 10% 정도 사용하며 살아간다고 한다. 뇌가 아직도 진화 중이라는 주장도 있다. 그런데 성장 과정에 심한 정신적, 감정적 상처를 받은 사람들은 더더욱 자신의 창의적인 능력을 발휘할 기회가 없다. 아마 5% 정도 발휘할지 모르겠다. 뇌의 기본 능력이 완전하게 작동하지 못한 채 살아간다. 그래서 커다란 정신적, 감정적 상처를 받은 사람들은 주변 사람이 자신을 이해해 주고 오랜 세월 억눌린 감정을 좋은 방향으로 표출할 수 있도록 도움을 받아야 한다. 몸의 면역체계가 건강한 생활 습관이 있어야 하듯이, 정신의 면역체계는 심리 상담사나 멘토라는 외부적인 지원군이 필요하다.

마치 자신의 육체 건강 회복을 위한 적당한 운동을 하기가 쉽지 않듯이, 자신의 정신 건강 회복을 위한 적절한 멘토를 만나기도 쉽지가 않다. 물론 나의 몸이나 나의 정신 건강에 대한 책임은 최종 나에게 달려있다. 내가 먼저 노력을 하거나 애쓰지 않고는 아무것도 얻을 수 없다. 오늘날에는 과거와 비교해 몸의 면역체계를 도와주기 위한 운동 시설이나 건강식품이 넘쳐나고 있다. 반면, 정신의 면역체계를 도와줄 수 있는 진정한 스승, 지도자, 건강한 부모나 친구, 신뢰할 수 있는 상담사나 멘토는 줄어들고 있다. 사실 모든 사람이 물질의 풍족 속에서도 정신적으로는 힘들어한다. 물질적 이익이 최우선인 자본주의의 속성 때문이다. 모든 기업은 직원들의 정신 건강을 고려하지 않고 언제나 최대의 영업이익 달성이 목표이다.

그러나 아쉽게도 인간은 정신과 몸이 동시에 건강하게 성장해야 하는 이원성을 내포하는 존재이다. 아무리 좋은 헬스클럽에서 운동하고 비싼 영양제나 음식을 먹어도 도움이 안 될수 있다. 마음이 편치 않고 억눌린 감정 속에서 살아간다면 진정으로 건강한 사람이 될 수 없다. 인터넷에서 조금만 찾아보면, 현대인들이 얼마나 많은 성인병을 겪고 있는지 알 수 있다. 2021년 기준으로 볼 때, 대략 우리나라 성인들의 30% 정도가 고혈압, 20.5%가 고콜레스테롤혈증, 13.8%가 당뇨(전 단계는 50%) 등을 겪고 있다. 우리나라를 포함해서 대부분의 선진국은 전체 국민 3명 중 1명이 암에 진단되거나 죽고 있다. 그리고 많은 사람이 정신적으로 우울해하거나 답답함을 느끼고 있는 것으로 조사되고 있다. 그런데도 위장술과 거짓말로 자신의 힘든 정신 상태를 감추는 경우가 많다.

건강에는 마음의 건강과 몸의 건강이 있고, 몸과 마음이 상호 영향을 주고받는 현상은 잘 알려져 있다. 스트레스라는 정신의 힘든 상태가 장기화하면 몸에 질병 대부분을 일으킨다. 위장이 나빠 스트레스가 오는 것이 아니고 먼저 스트레스가 생겨서 위장이 나빠진다. 보통 사람들은 건강이라고 하면, 몸에 질병이 없는 상태로만 여긴다. 건강염려증도 몸이 어디 아프지 않으냐에 초점이 맞추어져 있다. 상대적으로 정신 건강에는 관심이 부족한 것이 사실이다. 먼저 정신이 건강하지 못하면, 몸의 건강이나 인생에서의 성공도 어렵다. 몸이란 인간의 정신이 구현되는 임시적인 통로나 채널이다. 반대로 먼저 정신이 건강하면, 몸의 건강이나 세상에서의 성공은 나중에 힘들지 않게 추가적인 혜택으로 따라온다. 정신이 건강하다는 말은 건강한 생각을 할 수 있는 마음 자세를 가지고 있다는 의미이다. 잘 생각한다는 뜻은 매사를 대할 때, 주관적이고 이기적인 마음을 버리고 객관적인 정보를 사용하고 이타적인 마음으로 생각한다는 뜻이다. 102세인 김형석 교수는 최근 인터뷰에서 "마음과 정신이 건강하면 늙은 신체도 끌고 갈 수 있다. 100세 넘어 신문 칼럼을 쓸 수 있는 건 사고하는 힘이 살아있기 때문이다"라고 밝혔다.

이처럼 인간이 원래 가진 몸의 면역력이나 정신적인 치유력은 대단하다. 그러나 일방적인 물질문명의 발달 속에서 인간은 몸과 정신이 점점 자연 치유력을 상실하고 있다. 현대 문명이 일으키는 인간의 심신 면역력 약화 문제는 사회 공동체가 문명 발전의 방향 조정을 통해서 해결해야 한다. 그러나 21세기의 사회는 아쉽게도 공동체 구성원 개개인 정신과 육체 건강에 신경을 쓰지 못하는 구조로 변해가고 있다. 모든 분야에서 너무나 심한 경쟁이 지배하고, 경제적인 이익에만 치중하는 상황이다. 약 삼만 가지의 질병이 있다. 모든 병을 그때그때

약과 수술로만 치료하려 하고 영양제에 의존한다. 최대의 상업적 이익을 추구하는 의료 관련 산업의 속성이 갑자기 인간친화적으로 변할 리도 없다. 이제 개개인이 스스로 생활방식 변화를 통해 자신의 면역체계를 살려내고, 공부를 통해서 자신의 정신적인 문제를 찾아내고 스스로 정신적인 멘토를 찾아나서야 할 필요가 있다.

49
수명연장이라는 착시현상

가을비가 세차게 내리고 있다. 젊은 시절에는 떨어진 낙엽을 밟으면서 우산을 쓰고 가을비를 맞고 걸어가는 연인들의 모습이 무척이나 낭만적이었다. 지금 젊은이들에게도 그런지는 모르겠다. 옛날에는 모르는 사람에게 잠깐 우산을 함께 써도 되냐고 물어봐도 이상하지 않은 세상이었다. 가을비가 내리면 그리운 친구도 생각난다. 〈가을비 우산 속에〉, 〈밤비〉, 〈빗속의 여인〉 등의 비와 관련한 구성진 노래가 많았던 것 같다. 그 시절에는 컴퓨터도 없었고 스마트폰도 없었다. 그런데도 친구들과 공중전화로 연락이 잘되고 살아가는 데 불편이 없었다. 지금은 세상이 많이 발전해서 모든 일이 너무 빠른 템포 속에서 움직인다. 과거에는 시내버스가 올 때까지 마냥 기다렸다. 지금은 버스 정류소에 몇 분 후에 버스가 도착하는지 알려주는 전광판이 있다. 옛날에는 인생의 여정에 실제 현실과 꿈의 세계가 주요 경험 무대였다. 지금은 거기에다 다양한 가상현실의 세계가 추가되고 있다. 증강현실, 거울 현실, 메타버스의 세계 등. 물론 과거에도 현미경으로 사물을 확대해서 볼 수 있었지만, 지금처럼 현실에 대한 감각이 다양하지는 않았다. 한 세대란 원래 약 30년을 의미했다. 그런데 지금은 Y세대, MZ세대, 알파 세대 등 짧은 연대 구간의 세대로 세분화하여 구분되고 있다. 그만큼 변화가 빠르다는 뜻일 것이다. 그런데 아무리 인간 문명의 템포와 리듬이 빨라져도 인간의 삶의 터전인 자연의 템포는 변함이 없다. 다만 인간의 급하고 약탈적인 문명이 자연을 훼손하고 있다. 역설적으로 병든 자연이 일으키는 여러 문제가 인간에게 다시 회귀하고 있다. 식수원 오염, 미세먼지 등 공기 오염, 쓰레기로 인한 토양과 해양오염, 미세 플라스틱, 기후 변화, 야생동물 남획 과정에서 코로나 19와 같은 인수공통 병균 전파 등 심각한 문제들이 동시에 대두하고 있다.

비가 내리면 당장에는 미세먼지가 비와 함께 땅속으로 흡수되어 공기가 잠시 맑아진다. 그러나 땅속에 축적되는 미세먼지는 수질과 토양을 오염시키고 결국 인간의 밥상에 오르는 음식 재료에 악영향을 미친다. 특히 초미세먼지나 미세 플라스틱이 사람의 몸에 축적되면 당장에는 건강에 문제가 없어 보인다. 그러나 여러 연구 결과에 따르면, 이러한 미세물질은 약 30~40년 후에 질병으로 나타난다. 젊어서 초미세먼지나 미세 플라스틱에 장기간 노출되면 60대 이후에 폐렴, 폐암 등 심각한 질병의 원인이 될 수 있다고 한다. 2022년 우리나라 사람들의 기대수명이 83.5세로 늘어났다. 1960년에는 기대수명이 52.4세였다. 지금 젊은 세대의 기대수명은 100세로 예상된다. 그런데 기대수명에서 전체 인구의 평균 질병 및 장애 기간을 제외한 건강수명이 있다. 실제 사는 기간과 무관하게 건강하게 사는 기간만을 의미한다. 통계청에 따르면, 한국인의 2020년도 건강수명은 66.3세이다. 평균적으로 약 66세까지는 그럭저럭 아프지 않고 살지만, 그 이후에는 약 17년 이상을 각종 성인병으로 시달리며 살아가는 것이 현실이다. 기대수명과 건강수명의 차이가 무려 17년이나 된다. 양적인 수명은 늘었지만, 질적인 수명은 그렇게 늘어나지 않았다. 우리나라의 65세 이상 고령인구가 2022년 현재 901.8만 명으로 전체 인구의 17.5%이다. 3년 후인 2025년에는 20.5%를 넘어서서 초고령사회 진입을 목전에 두고 있다.

이를 건강수명과 연결해 보면, 대략 2025년부터는 전체 인구의 1/5에 해당하는 대부분의 65세 이상이 질병이나 장애 속에서 여생을 보내게 된다는 의미로 해석된다. 아쉽지만 현재 진행 중인 문명의 발전 속도를 한두 사람이 제어할 수 없다. 분명한 것은 인간을 편리하게 하려고 시작된 과학 기술의 발전이나 경제 발전이 결국 물과 공기를 탁하게 만들고 인간을 장기적으로 병들게 하고 있다는 점이다. 최소한 이러한 현실을 인식하고 발전 위주의 세상의 방향을 재검토하자는 여론이 일어나야 한다. 언젠가 코로나가 종식된다고 해도, 초미세먼지로부터 건강을 지키려면 상당 기간 마스크를 벗기 어려울 것으로 보인다.

50

현재를 살아가는 마음 자세

몸은 시시각각 살아서 움직이는 생명체이다. 그러나 몸을 움직이는 생각은 과거의 경험과 기억으로부터 떠오른다. 몸은 당장 눈앞에 전개되는 처음 겪어보는 상황을 처리하고 있는데, 현재 상황 처리의 판단 기준이 되는 생각은 과거의 유사한 경험에 그 바탕을 두고 있다. 과거의 잣대로 새로운 현실을 재단하고 대응한다. 눈앞의 현실을 처리하려면, 과거를 잊고 새로운 잣대가 필요하다. "죽은 자들로 죽은 자들을 장사하게 하라"라는 말씀이 주는 여운이 크다. 운이 좋아서 가끔 맞을 때도 있겠지만, 새로운 사람이나 새로운 상황에 옛날의 판단 기준을 들이대면 실수할 확률이 높다. 어떻게 보면 시간 차이로 인해 나에게 다가오는 매 순간 새로운 현실을 효과적으로 처리할 생각의 수단은 없다. 왜냐하면, 모든 생각이 제시하는 방법은 지난 경험에서 얻은 교훈이기 때문이다. 따라서 인간은 몸이 먼저 경험하고 새로 얻은 교훈을 나중에 깨달으면서 살아가는 존재이다. 또한, 다른 사람의 경험이 나에게 바로 적용되기 어렵다. 그렇다면 어떻게 살아야 하나? 매 순간 다가오는 새로운 현실과 상황에 맞는 새로운 정신적인 대응 수단이 없다. 그저 대책 없이 몸이 맨땅에 헤딩하고 아픔을 느낄 뿐이다. 몸에서 배운 교훈을 깨닫고 회복할 즈음에는 벌써 전혀 새로운 현실이 다가와 있다. 오죽하면 지금이 아니라 내일, 내년, 혹은 다음 생에 기대를 걸까?

어떤 삶이 지금과 현재를 잘 다루면서 살아가는 방식일까? 결국, 해답은 잘 산다는 것을 어떻게 규정하느냐에 달려있다. 권력, 자리, 돈, 명예, 안전한 생활 여건 등이 늘어나는 것이 잘 사는 것이라면, 그러한 목표는 영원히 이룰 수 없다. 왜냐하면, 인간 속에 있는 욕망의 바구니는 밑이 뚫려있기 때문이다. 가진 사람이 더 가지려고 다투는 모습이 인류의 역사다. 그렇다고 물질이나 지위를 등한시한다고 해서 깨달음이 얻어지고 지금의 빈곤이 해결되는 것도 아니다. 개미나 벌들을 보면, 무언가를 얻으려는지 끝없이 움직인다. 하늘에서 내려다보면, 사람도 자신은 모르지만, 무언가를 얻으려고 늘 애쓴다. 그런데 그 무언가가 무엇인지 정확히 알기가 어렵다. 사람이 개미나 벌들과 다르게 자신의 상황에 대해 비참하게 생각한다. 왠지 모르지만, 동물이나 곤충들은 육체적인 고통을 느껴도 인간처럼 정신적으로 비참하게 생각하지는 않는다. 동물들은 모든 순간에 그냥 몸으로 살아간다. 인간만이 논리적으로 분석하고 따져보지만, 별로 효과가 없다. 늘 나만 손해 보는 것 같다. 사람도 하루 대부분을 몸이 시키는 대로 살아간다. 다만 어떤 어려운 상황에 부닥치면, 생각을 통해 해결책을 과거의 유사한 경험에서 찾아보려고 한다. 그 이유는 "하늘 아래 새로운 것은 없고 모든 것은 반복된다"라는 말의 영향이 크기 때문이다. 인간이 1만 년 산다면 이 말이 맞을 수 있다. 그러나 잘 살펴보면, 이미 살아본 사람에게는 나에게 닥친 일이 이해되겠지만, 나에게는 모든 것이 처음인 일들이다. 나의 삶은 나에게는 늘 새로운 상황을 보여준다. 타인의 경험에 비추어서 내가 나의 삶을 잘 안다고 여기면 안 된다. 나의 얼굴, 지문, 유전자 배열은 세상 누구와도 다르다.

새로운 날들과 상황을 다루는 단일한 방법은 없다. 예를 들어, 어떤 과거의 훌륭한 분석 수단을 동원해도 복권이나 경마에서 이길 수 없다. 그냥 매번 닥치는 순간을 경외감으로 맞는 것이 좋다. 그것이 인생이다. 늘 새롭게 깨지고, 혹시 운이 좋으면 횡재하고, 늘 아픈 것이 인생이다. 그런데도 현명하게 살아갈 수 있는 마음을 키우는 것이 차선의 자세이다. 그러려면 살아오면서 알게 모르게 형성된 과거의 부정적인 가치관이나 신념체계에서 벗어나야 한다. '나는 안돼, 어쩔 수 없어!' 등 근거 없는 마음 자세를 극복해야 한다. 현재의 내 생각이란 나

또는 타인이 의식적 또는 무의식적으로 부정적인 관념을 나에게 반복적으로 주입해서 형성된 결과이다. 이런 부정적인 가치관이나 생각이 나의 판단 기준으로 작동하고 있고, 습관과 버릇이 되었다. 스스로 잘못 주입된 가치관과 생각을 깨달아야 한다. 변화의 노력이 없으면, 일단 주입된 패턴 프로그램에 따라 생각의 노예로 살아간다. 그리고선 나는 왜 늘 이럴까 하고 묻게 된다.

자신의 삶에서 주인인 사람은 마음먹기에 따라 언제든지 내 생각을 바꿀 수 있다. 마치 극장에서 영사기 필름의 교체나 집 관리인의 교체 방식과도 유사하다. 내 생각이나 감정은 나의 삶을 돕기 위해 있는 집의 관리인으로 볼 수 있다. 내가 진정으로 원하면 매일 새로운 이상형의 인간으로 탄생할 수 있다. "일신우일신(날로 새롭고 또 날로 새로워진다)"이라는 말이 있다. 따라서 과거를 지우고, 현재 세상의 시대적인 변화를 이해하고, 자신만의 새로운 가치관과 신념체계를 수립해야 한다. 그러기 위해서는 나의 소중함을 자각하고, 자신만의 천성과 재능을 발견함으로써 자신의 재발견을 하게 된다. '남이 하니 나도 따라한다'라는 맹종과 순응적 태도를 탈피하고, 내 안에서 잠을 자는 최고의 나를 꺼내야 한다. 미켈란젤로는 다비드상을 조각한 것이 아니라, 원래 커다란 돌덩어리 속에 숨어있는 다비드상을 꺼내었을 뿐이라고 한다. 나아가서 나를 뛰어넘는 목표를 수립하고 이타적인 삶의 구현을 통해 세상과 인류에 이바지하는 것이 올바른 삶의 자세이다. 타인에게 봉사하고, 사랑과 질서가 세상의 원리임을 인식하면 좋다. 그리고 눈에 보이는 현실 이면에 존재하는 큰 그림을 간파하는 습관이 필요하다.

51

급변하는 21세기의 특징과 삶의 기술

우리가 살아가는 21세기에는 많은 변화가 동시에 일어나고 있다. 과거 조상들이나 심지어 불과 50년 전 사람들은 전혀 모르는 변화이다. 전통적 가치관 또는 학교나 가정에서 배운 교육과 지식으로는 해결하기 어려운 일들이 등장하고 있다. 현재 진행 중인 격변에 대해, 《호모 사피엔스》의 저자인 유발 하라리는 머지않은 미래에 인류의 생존 자체가 위험할 수 있다고 예측할 정도이다.

현재 21세기는 다섯 가지의 큰 특징을 보인다. 우선 세계가 스마트폰과 인터넷으로 24시간 연결되어 있고, 코로나 19처럼 세상의 모든 일이 각 개인들에게 바로 영향을 미치는 시대가 되었다. 매일 무분별한 정보홍수, 가짜 뉴스, CCTV와 안면인식을 통한 통제 기술이 우리의 삶을 지배하고 있다. 또한, 가상현실 환경과 비대면 문화가 늘고 있다. 둘째로 IT 기술과 과학이 급격하게 발달하고 있고, 로봇과 인공지능의 발전으로 사람의 직업과 생활방식에 커다란 변화가 일고 있다. 예를 들어, 인터넷 은행의 등장, 키오스크로 아르바이트생이 대체되는 것처럼 기존 직업군에 많은 변화가 진행 중이다. 그 외에도 유전자 편집기술 활용, 인공장기 개발, 인간과 기계의 연결, 원격 비대면 진료, 실험실 고기 생산 등 다양한 변화가 나타나고 있다. 셋째로는 여러 분야에서 갈등 구조가 표출되고 있다. 전통 사회적인 가치관과 권위가 소멸하고, 반면에 21세기에 적합한 새로운 가치관은 아직 수립되지 않았다. 그 상태에서 세대별, 남녀별 등 다양한 갈등이 노출되고 있다. 또한, 이러한 시대 상황 속에서 출생률 저하나 1인 가구 증가 현상이 두드러진다. 현재 우리나라의 1인 가구 비율은 32%다. 네 번째로 세계 경제적인 여건이 변하고 있다. 블록체인 기술을 활용한 암호화폐가 비트코인을 포함해서 2만여 종이나 생겨났다. 그동안 세계 경제를 유지해 온 미국 달러화의 국제 기축통화 지위도 머지않은 미래에 흔들릴 수 있다. 세계적으로 스마트폰, 컴퓨터, 패스트푸드, 청바지 등 소비문화 패턴의 단일화가 진행 중이다. 개별 국가나 개인의 특성도 점점 줄어들고 있다. 다섯 번째로 인류의 환경파괴로 인한 코로나 19와 같은 전염병과 기후 변화가 발생하고, 핵전쟁의 위협도 커지고 있다. 최근 들어 너무 덥고 추운 날씨나 전국을 강타했던 폭우도 사실 기후 변화 때문에 발생하고 있다.

이처럼 큼직한 변화들이 진행되고 있는 21세기에는 지혜롭게 살아가기 위해서는 심리적 기술을 배워야 한다. 여기에서는 필자가 생각한 일곱 가지 기술을 소개한다. 우선 현대인들은 누구나 부정적인 감정의 문제로 어려움을 겪고 있다. 삶을 잘 살아가려면 감정의 원리를 이해하고 부정적인 감정을 극복해야 한다. 과거 조상들은 수렵 혹은 농경 생활을 통해 몸을 움직이는 생활을 했다. 현대인은 생각은 많고 신체활동이 부족한 방식의 삶을 살고 있다. 따라서 현대인의 몸과 마음의 조화가 깨지고 질병이 많다. 더군다나 오늘날 개인은 복잡한 현실에 대한 통제력을 갖고 싶어 한다. 그러나 개인의 기대와는 다르게 여러 문제가 해결되지 않음에 따라, 스트레스, 화, 분노가 증가하고 우울감과 고립감이 늘어나고 있다. 해결책으로는 무엇보다 사람의 생각과 감정을 이해해야 한다. 사람은 누구나 인정받고 싶고, 사랑받고 싶고, 중요한 사람으로 대접받고 싶어 한다. 따라서 사람은 자신의 기대치가 충족되지 않으면, 상대방에게 부정적인 감정을 표출하는 원리를 이해해야 한다. 상대가 나에게 화를 내는 것이 아니라, 자기 자신에게 화를 내는 것이다. 화내는 사람과 다툴 것이 아니라, 그 사람의 문제가 무엇인지 알고 이해해 주는 사람이 되면 좋다.

이처럼 감정 표현이란 사람의 마음 상태가 나타내는 순간적인 의견일 뿐이다. 말한 사람은 나중에 자신이 무슨 말을 했는지도 기억 못 하는데, 기분 나쁜 말을 들은 사람은 계속해서 속상해한다. 또한, 우리가 흔히 겪는 불안, 걱정, 고민도 언젠가 사라질 생각일 뿐이고 뇌의 신경세포가 에너지를 사용해서 잠시 연주하는 곡일 뿐이다. 따라서 모든 생각은 시간이 지남에 따라 잊힌다. 사실 모든 불안과 걱정은 나의 이익이 침해될까 두려워 생기는 현상이다. 사람도 하나의 생명체로서 감정 유지를 통해서 자신의 안전을 추구한다.

두 번째로 자기학습을 강화해서 시대적인 변화를 이해하고, 시대가 원하는 인재가 되려고 노력하는 것이 좋다. 다양한 분야에 대한 종합적인 이해 능력을 쌓고, 동시에 자기 분야에서는 전문적인 실력을 배양하는 것이 중요하다. 이 과정에서 올바른 책과 멘토를 선택해야 한다. 편향된 뉴스, 스마트폰, 게임, 드라마, 광고 등에 아까운 시간을 낭비하지 말고, 창의적 사고와 자신만의 목표 달성을 습관화하자. 특히 사회가 필요로 하는 인재 되기를 목표로 삼아야 한다. 《린치핀》의 저자 세스 고딘은 현대가 요청하는 새로운 인재상에 대해 "어려운 문제 해결 능력이 있고, 조직과 사람들 사이에서 의미 있는 상호작용을 만들어 내고, 다른 사람으로 대체 불가능한 사람"이라고 정의한다.

세 번째로 매사에 목표를 잘 조정하고, 효과적인 시간 관리가 중요하다. 사람의 뇌는 작더라도 일단 목표라는 임무가 주어지면, 그 목표를 해결하기 위해서 애를 쓴다고 한다. 인생에 의미가 원래 있다기보다 내가 매일 의미를 만들어 내며 살아 간다. 작은 일에서 성과가 나면, 큰일도 쉽게 처리할 수 있는 능력이 생긴다. 또한, 자신이 잘하는 일에 집중하고 자신이 할 수 없는 일을 타인에게 맡기는 것도 효과적인 시간의 사용법 이다. 매사에 초기에 정확한 정보를 수집하면 결국에는 시간 이 절약된다. 어차피 해야 할 일이라면, 아침에 일어나서 하기 싫어도 중요한 일을 제일 먼저 처리하는 것도 시간을 벌어준 다. 네 번째로 자신의 주변을 자기 성장에 도움이 되도록 미리 유리한 환경을 설계하고 세팅하는 것이 지혜로운 삶이다. 열 쇠나 전화기 등 중요한 물건을 눈에 잘 띄는 일정한 곳에 두면 찾지 않아도 된다. 기억을 돕기 위해 녹음기, 메모나 알람을 활 용하는 것도 좋다.

다섯 번째는 자녀 교육의 문제이다. 어차피 자본주의 사회에 서 살아가는 한 자녀들에게 어려서부터 돈과 경제에 대한 긍 정적 인식을 심어주고 관련 지식을 배우도록 도움을 주면 좋 다. 로버트 기요사키는 《부자 아빠, 가난한 아빠》에서 경제적 교육과 함께 사회생활 기술과 집중력을 가르쳐 주라고 권한 다. 인간관계 기술과 사회 제도에 대한 이해, 독서 습관, 공손 한 말투나 몸짓 등 사회적 태도를 종합적으로 문화자산이라고 부른다. 자녀에게 문화자산을 잘 가르쳐야 한다. 여섯 번째로 우리나라가 이제는 IT 강국이자 세계 10대 경제 대국이 되었 다. 한류가 세계적인 확산 속에서 인기를 끌고 있고, 많은 개발

도상국이 우리를 배우고자 한다. 이제 우리도 선진국 시민의 자세를 배워나가야 한다. 체험 여행을 통한 다른 나라 문화를 이해하고, 외국어 실력을 배양하고, 다양한 국제문제를 이해할 필요가 있다.

일곱 번째로 현대인의 장수 문제를 잘 대처해야 한다. 원래 100년 전까지만 해도 사람의 평균수명은 약 50세였고, 더 오랜 과거에는 대개 30~40세가 인류의 평균적인 생존 기간이었다. 지금 현대인은 지구 역사상 최초로 100세 시대를 살아가고 있다. 갑자기 껑충 늘어난 기간을 아프지 않고, 주변 사람들에게 의존하지 않고, 건강하게 사는 지혜를 배워야 한다. 걷기와 근육 운동, 균형이 있는 식사, 규칙적인 수면, 스트레스 극복으로 심신의 평화를 유지하는 것이 건강한 장수의 비결로 알려져 있다. 참고로 인간의 몸은 신비하고 거대한 화학공장이며, 60조 개의 세포가 활동한다. 사람의 장 속에는 약 1천조 개의 미생물이 사람의 신진대사 작용에 참여하고 있음을 인식한다면 삶에 대한 경외감을 느끼게 된다.

52

우주적 관점에서의 건강

우리 몸은 3차원 공간 속에서 확정성의 원리에 살고 있다. 즉 지금 내가 언제, 어디에 있는지 알 수 있다. 그러나 양자 세계처럼 극미의 세계에서는 3차원 공간에서도 불확정성의 원리가 작용한다고 한다. 불확정성의 원리란 양자 역학에서 아원자 입자의 위치와 운동량을 동시에 정확히 측정할 수 없다는 의미이다. 내 몸속에 무수한 세포들이 있다. 그런데 각 세포 분자 속에는 세포를 이루는 원자들이 있다. 그 원자 속에 있는 전자, 양성자, 중성자들의 세계에서는 통계적인 분포만 있지 어떤 고정된 법칙이 없다는 것이다. 그러나 신비하게도 불확정성의 원리가 지배하는 원자 차원의 세계를 넘어 분자, 세포, 장기, 인간이라는 세포 연합체에 이를수록 고정된 법칙이 작용한다. 다시 말하면, 나라는 존재는 3차원 시공간 속에서 이름도 있고 말도 하고 움직이는 단일하고 고정된 존재로 여겨진다. 그러나 나를 이루는 극미의 단위인 원자 세계에서는 고정된 것이 없고 모든 아원자의 움직임과 위치가 불확정이라는 것이다. 마치 우리 몸 세포 속에서는 계속해서 모습이 바뀌는 벽돌들로 집이 지어지는 것과 같다. 그렇다면 세포들이 구성하는 전체 집의 외관도 매 순간 바뀌어야 하는데, 집에 해당하는 우리의 몸은 고정된 존재로 보인다. 자동차의 부품들이 계속 다른 행동을 하는데도 전체 자동차는 고정된 것처럼 움직이는 것과도 유사하다.

그렇다면 3차원 시공간 상의 고정된 나란 어떤 의미일까? 나를 구성하는 기초 단위(원자)에서 계속해서 위치와 움직임이 변하는데도 전체로서의 나는 고정된 위치와 규칙적인 움직임을 보인다. 그러한 나는 엄밀하게 말해서 고정된 것이 아니라 전체 원자들의 평균적이고 통계적인 모습이라고 볼 수 있다. 인간뿐만이 아니다. 달도, 태양도, 별들도 모두 그들을 구성하는 전자들의 춤이 표현하는 평균적인 통계치일 뿐이다. 전자들은 마음대로 춤을 추고 위치를 바꾸지만, 거시적 통계치인 별들과 나는 일정한 궤도 속에서 움직인다. 만약 거시세계인 별들이 전자들처럼 마음대로 위치를 바꾼다면, 우주는 무너질 것이다. 태양이 마음대로 움직인다면 지구에서의 우리의 삶도 즉시 소멸할 것이다.

여기에서 생각해 볼 점이 있다. 인간이 왜 병이 들고 자주 아프냐의 문제이다. 극미의 세계인 전자나 극대의 세계인 우주적인 차원에서 병적인 현상은 없다고 보는 것이 타당하다. 우주가 탄생하고 언젠가 완전 팽창이나 완전 수축을 통해서 비존재로 넘어갈지는 모른다. 그러나 존재하는 동안 거시세계인 우주와 별들은 어떤 질서 속에서 움직이고 있다. 한 인간이 아프다고 해서 우주가 아픈 것은 아니다. 코로나 19 바이러스를 통해서 전 세계 사람들이 그동안 잊고 살았던 우리 몸속의 세포들이 극미의 세계에서 바이러스와 싸우는 현상을 3년째 목격하고 있다. 늘 나의 키와 몸무게만을 의식하고 살다가 나를 구성하고 있는 극미의 세계에서 전쟁이 벌어지고 있음을 본다. 또한, 전자나 원자핵, 세포, 바이러스의 세계에서는 정의라는 것은 없다. 그런데 이런 극미의 존재들로 구성된 우리는 정의를 추구한다.

우리는 모든 정보를 시각과 청각에 주로 의지한다. 그러나 인간의 시각은 단지 가시광선만을 볼 수 있다. 가시광선을 벗어나는 자외선, 적외선, X선, 감마선, 전파 등을 볼 수 없다. 청각도 20~20,000Hz의 가청음역의 소리만 들을 수 있다. 우리는 우주 정보의 극히 일부인 단편적인 시청각 정보에 의존해서 우리의 과학과 문명을 구축한다. 인간의 과학이 100% 진리는 아니라는 말이다. 인간의 건강과 관련해서도 수많은 약과 치료법이 100% 맞는 것이 아니라 통계적인 경험을 적용하고 있을 뿐이다. 인간은 우주적, 양자적 차원에서 볼 때, 불확실하고 부정확한 정보 속에서 살고 있다. 인간이 자신을 구성하고 있는 60조 개 세포 속 전자들의 작동원리를 이해하고, 장 속에서 대사활동을 벌이고 있는 1,000조 마리의 미생물 마이크로바이옴의 현상을 이해하고, 나와 전자와 우주의 관계를 이해해야만 인간의 건강 문제도 해결될 것 같다. 장 속 미생물은 유익균, 유해균, 중립균으로 구성되어 있다. 그런데 중립균은

유익균과 유해균 중에서 어느 한쪽의 세력이 커지면 그쪽 편을 든다고 한다. 병도 우주적인 관점에서는 고정적인 현상이 아닐 수 있다.

53

활기찬 아침을 맞이하기

아침에 눈을 뜰 때마다 어떤 강한 느낌이 반복된다. 오늘 하루를 잘 살아보고 싶은데, 마음속 깊은 곳에서 오늘도 그저 그런 하루가 될 거라는 회색의 계시가 울려온다. 마치 그러한 계시가 맞는다고 하듯이 육신도 무거운 박자로 합창을 한다. 밤새 잘 자고 새로운 하루가 이제 막 시작되었는데, 마음과 몸 모두 오늘을 한번 멋지게 살아보려는 열정이 부족한 것 같다. 주차장에 세워둔 자동차가 부럽다. 자동차는 아침에 시동을 켜면 언제나 부르릉하면서 엔진이 힘차게 돌아간다. 나는 잠이 깼는데, 삶의 엔진을 움직일 동력이 부족하다. 아침이 경쾌해야 하루를 잘 보낼 텐데, 뭔가 2% 부족한 느낌이다.

인간의 몸과 정신은 홀로 그냥 내버려 두면 기본 프로그램이 작동되는 것 같다. 늘 게으르고, 안락함을 추구하고, 눕고 싶고, 사물과 상황에 대한 어두운 해석과 전망을 한다. 그래서 인간은 가정교육, 학교 교육, 사회교육을 통해서 개인적 선호를 뛰어넘어 사회를 살아가는 방식을 배운다. 그러나 외적인 교육도 나의 정신력을 강하게 만들어 주지 못한다. 오직 나만이 스스로 내 생각과 감정에 대한 책임을 진다. 지금 우울하고 힘들다면, 나 외에 어느 사람도 진정으로 나의 마음을 바꿀 수 없다. 마치 보기 싫은 대상이 나타나면 눈을 감듯이, 내 마음속에 먹구름이 나타나면 기쁨의 햇볕을 쪼여서 먹구름을 밀쳐내고 싶다. 인생은 우리의 태도와 마음 자세에 달려있다는 생각이 든다. 자신의 인생에 대해 100% 내가 책임진다는 자세, 약간 힘들어도 이를 악물고 극복하는 태도를 훈련하는 것이 필요하다. 오늘 하루도 재미없고 힘들 거라는 어두운 아침 계시를 무시하는 태도, 나아가서 오늘의 달성 가능한 목표를 세우고 마치 닭이 알을 낳는 것처럼 구체적인 성과를 내보자는 마음의 자세가 중요하다.

조셉 머피의 《잠재의식의 힘》에 나오는 이야기다. 유람선을 타고 여행하는 어떤 승객이 배의 갑판에서 몸이 약간 어지러울 때 주변 사람이 "당신이 뱃멀미하는 것 같군요"라고 말한다. 그러면 그 승객은 약간 어지러움을 진짜 뱃멀미로 느낀다. 그러나 만약 바다 생활에 익숙한 선원에게 똑같은 말을 하면, 그 선원은 말도 안 된다는 반응과 함께 웃어넘긴다. 우리도 마찬가지다. 아침이 우리에게 "오늘도 힘들고 언제나처럼 무의미한 하루가 될 것이야"라고 말을 걸어오면, 삶에 익숙한 선원처럼 웃어넘기면서 나만의 하루 계획을 설계하고 실천을 위해서 몸과 마음을 불태운다. 그러기 위해서는 일어나자마자 침구를 정리하고 찬물로 정성스럽게 세수한다. 이어서 맨손체조를 하고 아침을 채소와 함께 영양식으로 맛있게 먹으면 맑은 정신이 살아난다.

54

문제 있는 인생의 인정

보통 우리는 매일 큰 문제가 없는 것처럼 살아간다. 미국 영화를 보면 인상적인 대화를 듣는다. 등장인물이 어려운 상황에 부닥치면 주변 사람이 "Are you OK?"라고 묻고, 질문을 받은 사람은 "OK"라고 답변한다. 그때 답하는 OK는 실제로 괜찮다는 인상을 준다. 그런데 우리 사회에서 친구나 지인이 문제가 있는 것처럼 보여서 "괜찮아?"라고 물을 때, 들려오는 "괜찮아"라는 답변이 사실은 문제가 있다고 느껴질 때도 있다. 인생에 문제가 있다. 그것도 커다란 문제들이 많다. 그런데 언제부턴가 마치 아무 일도 없는 것처럼 살아간다. 또한, 전혀 모르지만 마치 모든 것을 안다고 생각한다. 도대체 나라는 존재가 누구인지, 왜 이 조그만 지구에서 지금 숨을 쉬고 눈을 두리번거리고 있는지, 인생이라고 불리는 매일매일의 삶이란 어

떤 의미인지 사실은 아는 사람이 없다. 그저 각자의 처지에서 다양한 주장을 하지만 누구에게나 공감을 얻는 보편적인 진리라고는 할 수 없다. 삶이라는 커다란 존재의 문제는 알 수 없다고 치자. 그런데 일상의 생활 속에서 아무 일도 없는 것처럼 살아가는 일이 너무 많다. 사랑하고 싶고 사랑받고 싶지만, 그냥 아무 일도 없는 듯 살아간다. 왜 한 번뿐이라는 인생에서 사랑하기가 이렇게 힘든지! 생각해 보면 모든 것이 그렇다. 아파도 안 아픈 척하고, 화가 나도 화나지 않은 척한다. 증세가 있어도 코로나 19로 확진되면 회사에서 배척받을까 봐 일부러 검사를 안 한다. 상사의 지시가 불합리해도 겉으로는 아무 일 없는 척하고, 심지어 좋은 지시라고 합리화하기도 한다. 칼 융은 페르소나라는 개념을 만들어서 인간이 사회 속에서 쓰고 살아가는 가짜 인생과 가면에 관해 설명한다. 사회생활에서 생존하기 위해 자신이 원치도 않는 것을 평생 따른다. 칼 융은 이러한 가짜 순응을 페르소나 가면으로 정의했고, 사람들이 약 1천 개의 가면을 쓰고 살아간다고 보았다.

현대사회를 살아가려면 많은 것을 알아야 한다. 그런데 사람들은 모든 것에 대해 정확한 지식이나 정보가 부족하면서도 스스로 다 안다고 믿고 살아간다. 그저 어른이 됐으니 안다고 생각한다. 나이가 들면서 강화되는 고집도 시작은 잘못된 지식에서 비롯된다. 그렇지만 자신의 무지를 인정하고 싶지 않기에 타인의 지적에 분노한다. 나이가 들면서 잘못된 지식이 고집을 넘어서 신념이 되고 가치관이 된다. 르네상스 이후 400년간 발달한 이성과 합리성에 기반한 모더니즘이 양자 물리학의 불확정성 원리 발견과 세계대전을 겪으면서 도전을 받게 되었다. '모든 인간이 합리적이며 합리성은 어떤 문제도 해결할 수 있다'라는 것이 모더니즘 사상이었다. 그러나 20세기 중반 이후에 이성 자체에 문제가 제기되고 탈 이성적이고 다양성과 탈권위적인 것을 추구하는 소위 포스트 모더니즘이 태동하여 오늘에 이르고 있다. 포스트 모더니즘에 따르면, 절대적인 입장이란 없고 상대적 가치관이 강조된다. 어떤 생각이나 메시지도 그것을 받아들이는 사람이 생각한 뜻과는 다를 수 있다는 관점이다. 오늘날 사회가 위계질서보다 평준화를 지향하는 것도 포스트 모더니즘의 영향 때문이다. 포스트 모더니즘이 현대인의 생각에 미친 영향은 지대하다. 어떤 것도 절대적 진리가 없다고 믿는 태도를 만들어 냈고, 모든 일에 대해 비슷한 값어치와 시간을 분배하도록 한다. 중요한 것과 중요하지 않은 것의 구분이 애매해졌다. 지나친 다양성도 문제다. 그런데 집단체조 같은 획일성도 문제다. 우리 사회는 쉽게 청년들을 MZ세대 혹은 Y세대, 알파 세대라고 어떤 카테고리에 가두려고 시도한다. 그렇게 모든 사람을 단일한 특성과 가치관에 갇혀두면 안 된다. 그렇게 분류하려는 의도가 문제이다. 일단 사람이 어떤 카테고리에 갇히면, 그 사람은 해당 카테고리에 어울리는 획일적인 행동을 할 것으로 기대한다. 개인의 특성을 무시한 집단주의적 사고이다. MZ세대 중에서도 미래의 노벨상 후보자도 있을 수 있고, 인류의 미래를 밝혀줄 철학자도 있을 수 있다. 지나친 다양성도 문제지만, 사람들을 구간별로 획일화하려는 시도는 개인의 창의성을 억제한다.

　개인의 삶 속에서도 내가 무엇을 잘 알 필요가 없어졌다. 절대적 진리에서 멀어지고 다양한 상대적 의견이 존중받는 세상이 되었다. 무엇이든 인터넷 검색을 통해 알 수 있다고 믿는다. 뛰어난 지식의 소유자나 지혜 전달자가 필요 없는 세상이 되었다. 그러한 환경 속에서 모든 것에 대해 아무 일도 없는 것처럼 사는 문화가 점점 강해지고 있다. 모른 것도 안다고 믿는다. 1초면 검색할 수 있기 때문이다. 세상 모든 것을 안다고 믿지만, 사실은 정확하게 아는 것이 하나도 없다. 이제는 인간을 중심으로 하는 인본주의 휴머니즘을 뛰어넘어 인간과 기계를 접목하는 포스트 휴머니즘으로 가고 있다. 모든 것을 안다고 믿으며 살아가는 태도에서 이제는 아무 일도 없는 것처럼 살아가는 자세가 형성되었다. 아프면 약을 먹으면 되고, 심심하고 외로우면 넷플릭스를 보면 되고, 배고프면 배달 앱을 누르면 된다. 정말 그럴까? 약을 먹어도 낫지 않는 병이 있고, 넷플릭스를 24시간 보아도 해소되지 않는 외로움과 고독이 있다. 밥을 먹어도 혼자 먹으면 눈물이 나기도 한다. 이렇게 검색으로 모든 것을 안다고 생각하고, 마치 아무 일도 없는 것처럼 살아가는 방식에 대해 근본적으로 회의를 해볼 필요가 있다. 왜 과학기술이 급속도로 발전하고 생활의 편리성은 늘어나는데도 사람의 마음은 더 많이 아픈지를 생각해 봐야 한다. 아프면 아프다고 말하고 불합리한 것을 수용하지 말아야 한다. 절대적이고 보편적인 진리는 있을 수 있다. 우리가 모를 뿐이다. 우선 나의 삶에 우리의 삶에 문제가 있다는 점을 자각해야 한다.

55

교육의 방향 개선

누구나 이 세상에 태어날 때 처음 태어났다. 다가오는 삶의 단계마다 어떻게 현명하게 살아야 하는지 사는 법을 알고 태어난 사람은 없다. 태어난 이후에 자신에게 주어진 환경과 부모로부터 배우면서 성장한다. 지금 생각해 보면 부모들도 부족한 점이 많고 철없는 청년이었다. 분명한 것은 모두 자신의 능력 범위 안에서 주어진 환경에 적응하면서 나름대로 최선을 다하고 살아간다는 점이다. 말할 필요도 없지만, 사람에게는 태어난 국가도 중요하고, 성장하는 환경과 교육이 매우 중요하다. 특히 인간이 성장하면서 가장 중요한 교육의 두 가지 통로는 가정과 학교이다. 아주 예외적인 사람도 있지만, 대체로 좋은 가정환경과 좋은 학교 교육을 받은 사람은 그렇지 못한 또래보다는 인생의 출발선에서 상대적으로 훨씬 유리하다. 그런데 한국 사회는 초등학교에 입학해서 대학을 졸업할 때까지

16년간 단지 기술적인 암기 위주의 입시 교육과 취업 교육에 치중한다. 학교에서 인간으로서 이것을 하라 또는 저것을 하면 안 된다는 당위적 질서나 사회적 준칙에 대해서는 교육을 받는다. 하지만 전반적인 삶의 방식에 대한 지혜에 대해서는 배운 것이 적다. 대부분 사람이 삶 전반에 대한 방향 설정뿐만 아니라, 개인적인 삶의 지혜를 가정이나 학교에서 배우지 못한 채로 사회에 진출하는 것이 우리의 현실이다. "인간의 최고의 선은 덕에 대해서 그리고 다른 모든 것에 대해서 이야기하고, 저 자신과 남들을 시험하고 있는 것들에 관해서 매일 이야기하는 것입니다. 시험받지 않는 삶은 살만한 가치가 없는 것입니다"라는 《변명》에 나타나는 소크라테스의 유명한 충고가 아직도 유효하다. 가정과 학교 교육이 충분하지 못하다면, 평생 혼자서라도 자기 교육을 통해서 보완할 필요가 있다. 오늘날은 인터넷, 유튜브, 도서관 등을 통해 많은 정보가 공개되어 있어서 혼자 공부하기에 매우 좋은 환경이다.

구체적으로는 하나의 육체적 생명체인 인간이 사회 속에서 좋은 관계를 만드는 방법, 걱정과 근심에 대한 현명한 대처 기술, 사랑과 우정의 유지 방법, 그리고 나보다 큰 세상을 어떤 관점을 갖고 어떻게 이해할지에 대해서 배우지 못한 채 성장한다. 주식과 부동산을 통해 돈을 버는 법은 배우지만, 돈을 벌고 난 후 어떻게 돈을 보람 있게 쓸지에 대해 교육을 통해서는 배우기가 힘들다. 평생 행복을 추구하지만, 행복이 무엇인지,

어떻게 달성되는지도 알기가 어렵다. 특히 우리 사회는 과거 급속한 산업화로 인해 전통사회의 급격한 와해를 거치면서 가정교육의 질과 양이 상당한 부분 약화하였다. 일부 전문가들은 전체 아동들의 반 이상이 가정에서 사회화 교육을 받지 못한다고 추정하고 있다. 학교에서도 성적 이외에, 신뢰를 바탕으로 한 공동체 구성원의 양성을 위한 교육 수준이 상당히 낮다. 이러한 결과가 현재 우리 사회의 모든 갈등과 불신을 야기하고 있다고 볼 수 있다. 아이들이 성장해서 상호 불신, 갈등과 분열, 정신적 및 육체적 질환 증가 등 결함이 많은 성인으로 남게 된다면 사회적으로 근본적인 문제이다. 지금이라도 인간을 존중하고 서로 믿고, 미래와 인류 전체를 생각하는 교육이 필요하다. 시민사회와 공동체의 건전한 구성원이 될 수 있도록 가정, 학교, 언론과 방송, 문학세계 등에 의한 전체 사회적인 계몽과 변화가 시급하다. 지금은 인간의 지성과 감성의 균형이 중요한 21세기이다. 한편, 우리 사회는 대학 입시 경쟁으로 너무 많은 시간과 재원을 소모하고 있다. 그렇게 어렵게 입학해서 대학을 졸업해도 취직도 어렵고 세상에 대한 다양한 지식 습득도 충분하지 않다. 차라리 모든 기업체와 공공기관 취업 때 제출서류에 대학 졸업 증명서 제출제도를 과감히 폐지하는 것도 필요하다고 생각한다. 21세기에는 학력을 보고 사람을 뽑지 말아야 한다. 진정한 인터뷰 제도를 수립해서 창의적이면서 실력이 우수하고 해당 기관이 요구하는 자질이 있고, 고등학교만 졸업해도 기업체나 공공기관이 제시하는 시험에 통과한 사람을 선발하면 된다. 그렇게 되면 대학을 가기 위한 많은 문제가 해결되리라 본다. 스티브 잡스나 빌 게이츠가 대학을 중퇴했지만, 세계적인 디지털 기업을 일으킨 점을 보아도 21세기에 대학 졸업장이나 스펙 증명서가 필요한 것인지 의문이 간다.

56

생각을 줄이고 몸을 움직이기

중고차를 수리해서 멋진 여행을 떠나야 의미가 있다. 수리 후에도 차를 차고에 세워만 둔다면 무슨 소용이 있을까? 인생도 마찬가지이다. 누구나 여기저기 성하지 않은 몸의 수리를 위해 열심히 병원 순례를 한다. 그런데 두 가지 생각이 든다. 첫째, 시간이 흐르면서 고장 나지 않는 차가 없듯이 인간의 몸도 세월에 따른 노화와 질병을 피할 수 없다. 어딘가는 아프게 되어있고 태어날 때의 완벽한 건강 상태로 돌아갈 수 없다. 나이 들면서 완벽한 건강 상태란 없고 어딘가 수리가 필요한 것이 오히려 정상 상태이다. 두 번째로 어느 정도 몸이 건강하게 수리가 된 다음 무엇을 할 것인지의 문제이다. 몸은 수리가 되었는데도 멋진 여행을 떠나는 등 의미 있는 일을 할 수 없고 차고인 집에만 있다면 몸 수리를 한 이유는 단지 열심히 호흡하고 음식을 먹기 위함이다. 몸의 치유도 중요하지만, 적절한 수리 이전에도 살아있음을 느낄 수 있는 무언가를 해야 한다. 특히 노년기에 접어들면, 살날도 얼마 남지 않았는데, 수년간 몸의 치료와 병의 예방에 시간을 전부 투자하면 병이 치료되고 예방되기도 전에 세상을 떠날 수도 있다. 적절하게 치료는 하되, 인생의 남은 시간을 좀 더 멋있게 보내기 위해 몸을 움직이는 노력이 중요하다.

현대인은 너무 생각을 많이 하고 행동에는 둔하다. 과거 조상들은 수렵, 농경 생활을 하면서 종일 몸을 움직이다가 해가 지면 피곤해서 잠드는 생활 리듬 속에서 살았다. 그런데 우리는 종일 생각만 하다가, 실제 행동에 옮기는 것은 별로 없고 밤늦게 잠든다. 과거 조상들은 몸을 움직이는 방식으로 주로 살았고, 현대인들이 겪는 각종 성인병이 나타나는 50~60세 이전에 대개 삶을 마감했다. 그러나 현대인은 행동은 적고 주로 머리로 생각만 하는 라이프스타일을 영위한다. 게다가 수명이 100세까지 늘어나 60세가 넘어서도 온갖 성인병을 겪으면서 수십 년 세월을 보내야 한다. 어떻게 하면 60세가 넘어서 100세까지 사이에 육체적 및 정신적 건강을 유지하고 동시에 의미 있는 삶을 살지 최대의 관심사이다.

"나는 생각한다. 고로 존재한다"라는 데카르트의 주장이 근대 과학과 문명 발달에 이바지했다. 그는 이성적인 탐구심을 강조하려고 그런 말을 한 것 같다. 그러나 지금 와서 보니, 현대 문명이 너무 생각에만 치우쳐 있고 행동이 없는 점이 문제이다. 따라서 데카르트의 말을 "나는 행동한다. 고로 존재한다"라고 고칠 때가 되었다. 동물들을 관찰해 보면, 어떤 상황에서나 오랜 생각보다 빠른 행동에 나선다. 동물처럼 행동 위주로 살면, 사는 동안 건강하게 살고 질병에 시달리지 않는다. 원래 인간도 과거에는 생각보다는 행동 위주의 삶을 살았다. 인간의 몸도 골격과 근육 구조를 보면 늘 움직이라고 설계된 것은 분명하다. 그런데 인간을 편하게 하려고 이룩한 현대 문명이 인간의 행동 본성을 제약하는 구조로 발달해 왔다. 앞서 너무 생각에만 집중하니, 머리만 커지고 근육이 쇠퇴하고 있다. 지금이라도 육체와 정신의 건강한 삶을 보내려면 생각하는 시간을 줄이고 무언가 즉시 몸을 움직이는 행동에 나서는 삶을 실천하는 것이 필요하다. 특별하게 할 일이 없으면, 우선 걷기부터 시작하는 것이 좋다. 필자는 3년 전부터 하루에 만 보 이상 걷기를 매일 해오고 있다. 그 덕에 체중이 약 10kg 줄었고, 혈압도 내려가고 잠을 잘 잔다. 걷다 보면, 정신이 맑아지고 새로운 생각들이 떠오른다. 사실 이 책의 원고도 지난 1년간 매일 산책하면서 생각나는 것을 조금씩 휴대전화에 기록해서 탄생하였다.

57

젊은 층과 노장년층 간 세대 갈등 해소

기원전 332년에 이집트는 알렉산더 대왕의 공격에 무너졌다. 이로써 태양신을 믿는 파라오들이 지배해 온 이집트의 고왕국, 중왕국, 신왕국의 3천 년 역사는 무너졌다. 여기서 중요한 점은 고대 이집트의 역사에서 무려 3천 년 동안이나 사회적, 정신적 시스템이 전혀 바뀌지 않고 유지되었다는 점이다. 멀리 갈 것도 없이 조선 시대의 역사만 보더라도 600년 동안이나 사회적인 또는 정신적인 가치체계에 전혀 변화가 없었다. 갓을 쓰고 "이리 오너라" 하는 그룹과 "네네" 하면서 사회의 한 축을 담당했던 마당쇠의 역사가 지속하였다. 이처럼 인간의 과거 역사를 살펴보면 오랜 시간 동안 사람들의 생각과 사회의 시스템이 변하지 않을 수 있다. 또한, 과거 역사에도 세대 간 갈등은 있었고 현재 다른 나라에도 있다. 지금 우리가 사는 현대 한국 사회는 전혀 다른 역사적 특성을 보인다. 현대 한국에는 불과 한 세대 사이에 완전히 다른 정신적 가치관을 가진 2개의 그룹이 공존하고 있다. 즉 한국전쟁 이후 탄생한 60살 이상의 노장년층 그룹과 한국이 경제 발전을 이룩한 시기에 탄생한 40대 이하의 젊은 세대가 여러 분야에서 심각한 갈등을 겪고 있다. 현재 노장년층 그룹은 어려서 먹을 것이 부족했던 경험을 했다. 매도 맞고 성장했고 어른들의 잔소리나 훈계를 당연한 것으로 받아들였다. 그리고 한국 사회 경제 발전을 위해서 열심히 노력했다. 어린 시절 성장기에도 어린 형이나 누나가 더 어린 동생을 돌보는 방목 상태를 겪었다. 그러나 지금의 젊은 세대는 한국 경제가 급성장을 하는 시기에 태어나서 과거보다 훨씬 더 좋은 환경에서 성장하였다. 특히 부모들이 자신들이 못 배운 한을 풀기 위해서 자녀 교육에 모든 것을 걸었다. 아이들 스스로 성장하는 방목 방식의 성장이란 있을 수가 없다. 철저하게 부모의 관심과 배려 속에서 성장하였다. 현재의 노장년층이 경험하지 못했던 부모의 지나친 배려와 돌봄 문화가 지금도 지속하고 있다. 지금은 젊은 층은 잔소리를 참지 못하고, 개인주의를 중시한다.

이처럼 노장년층과 젊은 세대 간에는 불과 30~40년 만에 완전히 다른 성장 배경과 교육 방식, 권위에 대한 조건 없는 복종과 권위에의 탈피 문화, 디지털 문화에의 부적응과 적응이라는 차이가 있다. 두 그룹 사이에는 마치 상호 만날 수 없는 지구인과 화성인들 사이의 틈새가 존재한다. 만약 젊은 층과 노장년층이 각자의 성장 배경이나 자라온 사회적 문화 차이를 이해해 준다면, 지금의 한국 사회가 좀 더 부드럽고 배려하는 사회로 바뀔 수 있을 것이다. 한국처럼 한국전쟁 이후 거의 제로 상태에서 경제적 급성장을 이룩한 나라는 없다. 지금도 사회적 통합보다는 경제 성장 일변도의 마음 자세가 사회를 지배하고 있다. 한국 사회의 두 축을 이루고 있는 노장년층과 젊은 층이 서로 이해하고 협력하지 않는다면 사회 전체적으로 커다란 손실이다. 동시에 우리의 과제인 통일이나 국가 안보 유지에도 부정적인 영향을 끼칠 수 있다.

특히 지구가 탄생한 이후로 지구상에 60대 이상 인구가 지금처럼 많아진 것은 실로 처음 있는 일이다. 불과 100년 전만 해도 세상의 모든 사람은 50세 전에 세상을 떠났다. 60세 이후 100세까지 늘어난 수명 동안 현재의 노장년층이 어떻게 살아야 할지에 대해 어떠한 경험이나 제도가 수립되어 있지 않다. 모두 처음 시도해 보는 것들이다. 지금의 노장년층에 필요한 새로운 사회적 제도가 수립된다면, 현재의 젊은 세대도 나중에 그 혜택을 입을 것이다. 사람은 상대방의 입장이나 처지를 이해해 주어야만 소통을 할 수가 있다. 오늘날 한국의 성장을 위해 열심히 일했던 현재 노장년층의 노고를 인정해 주는 한편, 똑똑하고 현명한 젊은 세대들의 어려움과 아픔을 이해하고 감싸주는 노력이 필요하다.

노장년층이 앞으로 어떻게 건강하게 살아갈지에 대해 사회적인 관심과 소통이 필요하다. 동시에 젊은 세대들이 겪고 있는 취업, 주택, 결혼 문제들에 대해 국가적인 해결책이 진지하게 논의되어야 한다. IT 기술과 인공지능의 발달은 젊은 층의 일자리를 감축시키는 결과를 일으키는 구조를 만들고 있다. 인공지능 시대에 걸맞은 교육 혁신을 단행하고 젊은 세대들에게 첨단 교육을 무료로 제공해야 한다. 모든 청년에게 주택을 제공하는 싱가포르의 정책도 배울 필요가 있다.

58

용기의 실천

───

세상을 살면서 용기란 무엇일까? 우리는 보통 살아가면서 하고 싶은 말이나 하고 싶은 것을 못 하는 경우가 많다. 못 하는 이유는 간단하다. 상대방이 나의 말이나 행동을 오해하거나 거부할까 봐 주저하는 것이다. 간혹 내가 한 일도 아니지만 내 마음에 드는 일이 발생하면, 그 일을 한 사람의 용기가 부러워 "대박"이라고 환호한다. 우리가 사는 세상은 우리를 눈치 보게 만드는 세상이다. 누가 딱히 그렇게 시킨 것은 아니지만, 우리가 살아오면서 이 세상에서 배운 사실은 늘 조심하라는 것이다. 이유를 알 수 없지만,《에티카》를 저술한 스피노자는 자신의 반지에 "조심하라(Be cautious)"라는 글귀를 새기고 다녔다고 한다.《종의 기원》을 발표해서 세상을 놀라게 했던 찰스 다윈은 자신의 책 기본 내용에 대한 세상의 평가가 두려워서 20년이나 묻어두고 책을 출판하지 못했다고 한다. 보통 사람들도 매사에 조심하는 것이 몸에 배다 보니, 내가 하고 싶은 것을 자유롭게 행하기가 어렵다. 누군가가 나의 행동을 비난할 수도 있기 때문이다. 그러면 나는 이 세상에서 존경받지 못하게 되고, 왕따가 될 수도 있기 때문이다. 주저주저하면서 주변 사람들의 눈치를 보다가 시간만 흐른다. 세상은 기존의 가치를 따르는 사람을 대우해 주지만, 시대 정신을 거역하는 새로운 이상을 제시하는 사람을 추방하기도 하고, 배척한다.

내가 진실로 원하는 것을 다음 삶이나 먼 미래에 실현하기로 하고 미루어 둔 사람들도 많다. '자연인' 프로그램처럼 깊은 숲속에서 혼자 살면 남의 눈치를 보지 않고 내가 하고 싶은 것을 할 수 있을까? 사실 내가 하고 싶은 것은 세상과 사람들과의 관계 속에 있는 것이지 혼자 사는 숲속에는 없다. 내가 원하는 사람도 만나고 싶고, 내가 가고 싶은 곳도 가고 싶고, 내가 갖고 싶은 물건도 가지고 싶고, 내가 먹고 싶은 음식도 먹고 싶다. 무엇보다도 사람들로부터 인정받고 싶고 관심을 받고 싶다. 그러나 늘 마음뿐이다. 유명한 말이 있다. "어 나 아무것도 안 했는데 벌써 세상을 떠날 때가 됐어?", "내 이럴 줄 알았어!" 보통 사람들이 죽음의 침상에 누워서 하는 말이다. 바쁘게 살다 보면, 제일 큰 문제는 내가 무엇을 원하는지 자체를 잃어버리게 되는 것이다. 늘 남의 눈치를 살피며 살다 보면, 내가 어디로 가버린다. 그런데 야속하게도 나의 상실의 시기에도 시간은 나를 저만치 멀리 보낸다. 언젠가는 커다란 회전목마에서 내려야 한다. 난 아직 인생의 즐거움을 느껴보지도 못했는데, 내려야 한다니? 아니 몸은 왜 이렇게 아픈지! 기차의 기관사가 기차를 운전할 때는 제복을 입고 멋지게 보였는데, 일이 끝나 사복을 입고 집에 돌아갈 때는 그렇게 보이지 않는다. 사복을 입은 시간이 나의 진짜 삶인데, 이 시간에도 남을 의식하고 눈치를 보기 때문이다. 제복을 입고, 회사의 직위 속에서 시간을 보낼 때는 제복이나 직위가 나를 받쳐주었다. 내가 아닌 사회적 에고의 도움을 받은 것이다. 이제 제복이나 직위를 벗고 혼자 있으면 자유로운 내가 되어야 한다. 그런데 내 머릿속에 세상의 제복이나 지위를 못 잊는 개인적 에고가 나를 지배한다. 도대체 나는 자유롭지 않다. 늘 남을 신경 쓰고, 또한 남이 나의 지위에 걸맞지 않게 대하면 화가 난다. 가게에서 물건을 살 때, 나의 지위를 모르는 판매원에게서 불필요한 대우를 기대한다. 그런데 이러한 갈등 속에서 시간이 자꾸 흐른다. 용기가 필요하다. 남의 생각, 나의 제복이나 지위, 세상의 요구를 뿌리치고 내가 하고 싶은 것을 할 수 있는 용기가 필요하다. 남의 눈치만 보고 주저주저하다가 이 세상을 떠날 시간이 다가온다면, 너무 억울하지 않은가? 하루 한 가지라도 내가 정말 하고 싶은 것이 있다면, 남을 해롭게 하지 않는 범위 내에서 용기를 내어 실천해 보는 것이 좋다. 어떤 일을 겁내 못하다가, 한참 지나서 어렵사리 해보고 나면 의외로 별거 아닌 일을 두려워했다는 깨달음이 들 때가 있다. 내가 용기가 없어서 못 하는 많은 일이 실제 어려운 일이 아니다. 다만, 내가 스스로 어려울 것으로 생각할 뿐이다. 세상의 일 자체가 쉽거나 어려운 것이 아니다. 그래서 용기가 필요하다. 나의 뇌가 할 수 없는 일이라고 주장할수록 용기를 방패 삼아 과감하게 새로운 일을 해보는 것이 좋다. 용기란 뇌가 말하는 연약함을 도와주는 역할을 한다.

59

축적된 분노의 물결

필자가 아침에 잠에서 깨면 중얼거리는 말이다. "오늘 하루도 나에게 주어진 새로운 날이다" 그리고 어떻게 하면 하루를 보람 있게 보낼지 생각한다. 여러 아이디어가 떠오르나, 우선 몇 가지를 실천하기로 정한다. 걸을 때 어깨를 똑바로 펴고 배를 집어넣고 걷는다. 의자에 앉을 땐 허리의 엉치뼈가 의자나 소파의 끝에 닿아서 앉은 몸이 똑바로 서게 만든다. 야마다 도오모는 《스탠퍼드식 최고의 피로회복법》에서 허리나 어깨의 자세가 바르지 못하면 몸의 중심이 흔들리고 불필요한 에너지가 낭비되어 쉽게 피로해지는 원리를 설명한다. 일단 바른 자세로 걸으면서 생각한다. 다음엔 무엇을 할까? 나의 마음속에 오랫동안 억눌려 온 감정들을 살핀다. 어린 시절부터 밖으로 표현하지 못하고 꾹꾹 눌러두었던 상처들을 햇빛으로 꺼내어 보듬어 줄 시간이다. 필자도 늘 아프면서도 아프다고 말하지 못하고 힘들어도 힘들다고 못 하고 살아왔다. 참는 사이에 몸

속에서 아프고 수치스럽고 힘들었던 기억이 고스란히 세포 속에 기억되어 있다. 남들에게 솔직한 감정을 보이면 못난 사람으로 여겨질까 봐 늘 감정을 숨겨두었다. 오히려 반대로 강한 사람처럼 행동하기도 했다. 더 큰 문제는 자신의 아픈 감정은 꼭꼭 싸매어 놓고 비슷한 문제를 겪는 친구나 동료에게 감정을 풀어놓으라고 조언을 자주 해주었다는 점이다. 그러다 보면 다른 사람들이 나를 성숙하고 깨우친 사람이라고 봐주기도 했다. 남들에게 성숙한 내가 혼자 있을 때는 혼란스러운 내면의 감정들 때문에 늘 아파하는 코미디가 공연된다. 물론 관객은 나 혼자이다.

　나도 아프고 힘들고 조바심이 많다고 털어놓고 싶었다. 그런데 이미 주변 사람들에게 침착하고 인내심이 강하고 현명한 사람이라는 이미지가 형성되어 있다. 그렇게 살아왔다. 이제는 혼자 있는 시간이 많고 나 자신을 돌아볼 시간이 많아졌다. 크리스턴 울머가 《두려움의 기술》에서 제시한 방식대로, 그동안 내면의 지하실에 갇혀서 힘들게 살아온 슬프고 아픈 감정들을 더는 가두지 말고 꺼내어 주어야 한다. 너무나 이성적으로만 살고 나라는 존재의 색깔인 감정을 눌러왔음에 대해 진실로 미안함을 느낀다. 마치 새장에 갇힌 독수리가 수십 년 만에 열린 새장 문밖으로 날아가는 것을 보는 것처럼 오랜 감정을 풀어준다. 말하고 싶었지만 참았던 말을 들어준다. 나의 모든 표면적인 화냄의 진짜 원인이었던 내면의 분노를 있는 그대로 안아준다.

수십 년간 갇혀있던 분노의 불길 속에 나의 육체와 정신이 타버릴 것 같다. 그러나 이제는 잠재의식 속에 오랜 세월 축적된 분노 감정이 터지고 타버려야 한다. 그래야 내가 나머지 인생을 살 수 있다. 나를 차별했고, 인정해 주지 않았고, 사랑해 주지 않았던 존재는 더는 나에게 영향을 미칠 수 없다. 단지 과거의 그런 환경이 분노라는 감정으로 잠복해 있을 뿐이다. 하늘을 통째로 태워버릴 것 같은 분노의 불길이 소용돌이처럼 하늘로 올라간다. 이처럼 자신 속에 잠복해 있는 분노라는 감정의 얼룩이 있다면, 될 수 있는 대로 빨리 허공으로 떠나보내는 것이 좋다. 아픈 감정을 억누르고 살면 사는 것이 아니다. 세상이 요구하는 가치를 수용하려고 쓰는 가면들도 무겁다. 그런데 과거의 상처들이 일으킨 개인적인 감정들마저 억눌린 분노 상태에서 수시로 알 수 없는 화를 일으킨다면 정말 살기 힘들다. 최소한 자신에게는 솔직해져야 한다. 있는 그대로의 나와 만나는 시간을 많이 갖는 것이 좋다.

60

세상의 변화에 적응

인류가 동굴벽화를 그리기 시작하면서부터 실제적 유대감과 상호 협동심이 수천 년간 인류라는 종(Species)을 발전시켜

온 원동력이었다. 그러나 현대는 컴퓨터와 통신기기의 혁명적인 발달로 인간관계가 비대면 관계로 대체 중이다. 코로나 19 이전부터 이미 가상현실과 증강현실적 체험이 늘어나고 있다. 인간은 원래 논리적인 이성과 비논리적인 감정의 복합체이다. 그러나 비대면 경험 확장은 대면 접촉에서 발휘되는 감정 표현을 왜곡할 수 있다. 전쟁 게임에 몰두하다 보면, 현실 세계에서 사람이 죽었다는 뉴스가 별로 놀랄 일이 안 된다. 나아가서 가상세계의 가치관은 가짜 자아상을 창조하게 된다. 또한, 과학기기가 요구하는 멀티태스킹은 한순간에 하나의 행동에 특화되어 발전해 온 인간의 육체적, 감정 시스템에 오류를 초래할 수 있다.

그 외에도 친밀한 관계의 단절 가능으로 외로운 인간 양산, 군중 속의 고독 심화, 대면 상태의 말과 느낌을 통한 이해력과 친밀감이 감소한다. 가상현실에 빠져 살면, 실제로 진짜 사람을 만나면 자기 생각과 감정을 명확히 표현하기가 어려워진다. 또한, 전반적으로 전통적 가치관이 이미 쇠퇴하였다. 고도 물질주의 영향 속에서 소비지상주의 문화의 침식, 드라마나 광고의 주인공 닮기, 부모, 스승, 어른의 권위 종식, 절대적 가치관의 소멸과 다양성의 확대가 진행되고 있다. 이러한 변화의 파도 속에서 전통적 가치관에 따라 사람을 접촉하거나 관계를 기대하면 상호 상처받을 가능성이 크다. 게다가 사회 문화적인 환경도 급변하고 있다. 어느 곳에 전화해도 계속 번호를 누르라는 자동응답 장치, 친절하지만 기계적인 안내와 곧이은 친절도 평가 요청 문자, 건강한 인간의 삶에 별로 중요하지 않은 불필요한 뉴스의 홍수 시대이다.

인간의 머리는 창의적 생각을 위해 사용하게 되어있다. 그러나 현대 로봇과 기계 사회는 사람에게 너무 많은 기계적인 잡무를 부여한다. 사람이 매일 생활 주변의 잡무처리에만 시간을 보내다 보면, 창의적이고 생산적인 아이디어가 점점 사라진다. 나이 들어 치매도 문제지만, 1분 전에 현관문을 닫았거나 약을 먹었던 사실이 기억나지 않는 등 현대인이 겪는 깜박깜박 현상도 뇌의 기능 약화로 볼 수 있다. 차분하게 심호흡을 하고 자기 생각과 행동을 관찰하는 것이 중요하다. 하루에 10분이라도 자신만의 작은 공간을 찾아서 모든 잡념을 잊고, 아름다운 미래를 생각하고 새로운 분야를 추구해 보는 훈련이 바람직하다. 또한, 매사에 어느 정도 둔감해질 필요가 있다. 내일 또 태양이 떠오르기 때문에 지금 이러한 잡무를 처리하지 못한다고 민감할 필요가 없다.

한편, 사람의 감정에는 보통 기분 좋은 느낌과 기분 나쁜 느낌이 칵테일처럼 섞여있다. 완전하게 100% 좋은 느낌과 100% 나쁜 느낌만의 상태는 매우 드물다. 예를 들어 30% 기분 나쁜 상태와 70% 좋은 상태가 섞여있을 수 있다. 일부러 완전히 기분 좋은 상태로 만들려고 애쓸 필요 없다. 좋은 기분을 좀 더 많이 느끼도록 강화해 주면 된다. 아침에 출근할 때는 기분 좋게 출근했는데, 회사에서 업무상 기분이 종종 상하는 경우가 많다. 그럴 때는 속상해하지 말고, 과거에 기뻤거나 감격스러웠던 순간을 5개 회상하는 것이 좋다. 심리학에 따르면, 하나의 나쁜 느낌을 누르려면 약 5개 정도의 좋은 기분이 필요하다고 한다. 지금부터라도 기분 좋은 일을 일부러 많이 만들어 두는 것이 좋다. 미래에 발생할 언짢은 순간에 호출하기 위해서이다.

과거에 인류가 동굴 속에서 포식동물의 공격이나 기근, 자연재난에 대피하는 것이 주요 활동이었기에 나쁜 일에 대해 반응하는 신경 패턴이 월등하게 발달하였다고 한다. 과거 우리 조상들은 지금처럼 워라밸도 없었고, 해외여행은 생각할 수도 없었을 것이다. 무엇보다도 평균수명이 로마인은 30세, 18세기 전까지 인류의 평균수명이 약 40세였다고 한다. 우리나라도 해방 후에 평균수명이 50세였다. 박물관에서 보는 유물은 과거 역사에서 50세 이전에 죽은 사람들이 만든 문명의 흔적이다. 따라서 지금처럼 사람이 60~100세까지 살아간다는 것은 지구상에서 처음 있는 일이다. 인류는 지금 평균 60세 이상의 사람들이 필요로 하는 새로운 문명을 만들어야 하는 시대에 진입했다. 기존의 전통, 가족관계, 법체계, 은퇴 나이 등 새롭게 수정해야 할 분야가 많다.

61

감정 폭발의 억제법

두 사람이 무슨 일로 다투다가 주변 사람들의 강압적인 만류로 인해서 서로 떨어져 밀려나는 경우가 있다. 그러다가 갑자기 싸웠던 사람 중 한 사람이 다시 상대에게로 돌아와서 멱살을 잡으면서 싸울 수가 있다. 조금 전에는 지인들의 만류로 물러났다. 그러나 내면에서 이대로 질 수 없다는 감정이 북받쳐 올라와 다시 싸움터로 입장하는 것이다. 주변 사람들이 다시 말려주리라 생각하면서. 여기서 중요한 점은 순순히 물러가는 것처럼 보이던 사람이 왜 다시 달려와서 싸우는가 하는 문제이다. 이성적으로는 싸움을 종료하고 싶지만, 우리 몸속의 감정이 물러나는 것을 패배로 여기고 인정하지 않기 때문이다. 사실 감정이 없고 이성적으로만 생각한다면, 모든 싸움이 쉽게 평화적으로 끝날 수 있을 것이다. 그렇다면 감정이란 무엇인가? 감정이란 생각에 섞여있는 호르몬 또는 화학물질의 칵테일이다. 생각에 감정이 첨가되지 않는다면 사람은 흥분하지 않고 침착성을 유지하기 쉬울 것이다. 흥분이나 불안감, 심장의 떨림과 근육의 경련을 일으키는 호르몬과 화학물질은 술에 포함된 알코올이나 수술할 때 사용되는 마취제와 비슷하다고 생각할 수 있다.

과거에 있었던 기분 나쁜 일이나 불쾌한 경험을 생각하면, 그때 당시 기분과 똑같이 느끼도록 호르몬과 화학물질이 분비된다. 단지 생각의 기억만으로는 사람의 육체가 크게 흔들리지 않는다. 그러나 호르몬과 화학물질이 분비되면 마치 술을 마시면 기분이 변하듯이 몸의 상태에 변화가 온다. 그리고 과거의 부정적인 생각을 반복하게 되면, 더욱 도수가 높은 알코올이 필요한 것처럼 더욱 강력한 호르몬과 화학물질이 필요하게 된다. 그렇다면 어떻게 하면 이런 부정적인 감정으로부터 해방될 수 있을까? 해답은 단순하다. 기억이나 생각에 따라오는 호르몬과 화학물질의 분비를 막으면 된다. 사람은 지나친 술이 몸에 해롭다는 것을 알게 되면, 금주를 실천한다. 마찬가지로 지나친 부정적인 생각에 빠지면 몸이 상하게 되므로, 호르몬과 화학물질의 분비를 금지해야 한다. 생각이 술이라면 감정을 일으키는 호르몬과 화학물질은 술에 포함된 알코올이다. 마치 술을 끊는 것처럼 생각 끊기를 실천하면 된다.

부정적인 생각을 반복하면 감정의 호르몬과 화학물질의 칵테일 때문에 내 몸이 상한다는 것을 절실하게 느끼면 된다. 문제는 술은 내 몸 밖에 있고 호르몬과 화학물질은 내 몸 안에 있는 점이다. 그래서 나쁜 부정적인 생각이 들 때면, 눈을 감으면 된다. 마치 감정 속에 있는 호르몬과 화학물질이 몸 밖에 있는 알코올이라 생각하면서 진실로 금주한다고 생각하면 된다. 물론 상당한 훈련이 필요하다. 호르몬과 화학물질은 굉장히 빠르게 분비된다. 자신의 감정 리듬을 깨닫고, 화나 분노라는 감정이 일어나려고 하면 곧바로 아하 지금 내 몸이 알코올 같은 호르몬과 화학물질을 필요로 하고 있구나라고 느껴야 한다. 금주 약속을 어길 수 없는 것처럼 감정중독 놀이를 또 할 것인가를 자문한다. 그런 실험을 계속하다 보면 머지않아서 감정에 휘둘리는 일이 점점 줄어들 것이다.

62

해가 지면 자기

자동차를 오래 사용하면 중고차가 되듯이 사람도 나이가 들어감에 따라 몸의 여러 부분이 아픈 노화 현상을 당연하게 받아들인다. 젊은 시절에는 몸의 기운이 넘치고 활발한 움직임이 정상이라는 뜻이다. 그러나 오늘날 자본주의가 극단적으로 발전함에 따라 젊음과 건강이라는 공식에 문제가 생겼다. 요즘은 젊은 사람들이 너무 아프고 건강에 시달리며 산다. 왜냐하면, 자본주의 시스템 속에서 일하는 것은 이윤의 극대화라는 무시무시한 원리에 따라 움직이기 때문이다. 자본주의적 체제나 사고방식은 이윤의 극대화를 위해서 모든 시스템이 정비되어 있다. 그 속에서 일하고 있는 사람들의 감정이나 건강 등에는 관심이 없다. 인간의 몸은 원래 자주 움직이고 해가 지면 잠을 자고 해가 뜨면 일어나도록 설계되어 있다. 그러나 전등의 발견과 자본주의의 속성이 소위 야근이란 것을 만들어 인간의 수면 패턴을 망가뜨렸다. 종일 책상에 앉아 일하며 몸을 움직이지 못하도록 만들었다.

양계장에서 어린 닭들이 잠을 자지 못하도록 24시간 불을 켜놓고 자연의 섭리를 초과하여 달걀을 자주 부화하도록 만들고 있다. 이것은 닭에게만 해당하는 문제가 아니다. 인간이 스스로 자신의 수면을 빼앗아 더 많이 일하는 시스템을 만들어 냈다. 사람들은 흔히 '인간의 얼굴을 한 발전(Development with human face)'이 필요하다고 말한다. 말은 쉽다. 그러나 아무도 이 말을 지키지 않는다. 닭이 기계가 아닌 것처럼 인간은 언제나 부품 교체가 가능한 기계가 아니다. 그러나 자본주의 체제는 인간을 기계처럼 다룬다. 마르크스가 공산주의 선언을 채택하고 자본주의를 비난할 때는 자본가와 노동자 사이에서의 균등하지 못한 이익의 분배에 초점이 맞추어져 있었다. 지금도 1%와 99%라는 분배 문제가 지배적인 생각이다. 마르크스 당시에는 자본주의 체제가 모든 인간을 조그만 공간 속에서 수면을 빼앗고 가축처럼 사육하는 시스템이 될 것까지는 생각하지 못한 것 같다.

니체는 모든 동물 중에서 인간이 자신을 가장 '가축화(Domestication)'시켰다고 평가했다. 영리나 이윤을 추구하는 것은 어쩌면 인간의 본성이기 때문에 자본주의 체제를 없앨 수는 없다. 다만 어떻게 하면 인간의 자연적인 생리에 어울리게끔 자본주의 체제를 수정하느냐의 문제이다. 한때 오래전에 삼성이 직원들의 자기 계발을 돕는다고 모든 직원을 강제로 이른 오후 시간에 퇴근시킨 적이 있었다. 좋은 시도였지만 결국 정착되지 못했다. 또 어떤 정치가는 '저녁이 있는 삶'을 약속했지만 실천해 볼 기회를 잡지는 못했다. 농사가 좋은 점은 늘 몸을 움직이고 해가 지면 자고 해가 뜨면 일어나는 일하는 방식 때문이다. 코로나로 인에서 재택근무라는 새로운 일하는 방식이 실험되고 있다. 이번 참에 아예 직장에서 일하는 방식을 인간의 자연적인 리듬에 맞게끔 변경하는 운동이 일어났으면 좋겠다. 직원 개개인이 자신에게 부과된 성과를 달성할 수 있다면 어디에서 일하건 또는 언제 일하건 상관없는 시스템을 도입할 필요가 있다. 또한, 작업환경 개선이나 주 4일제 도입도 중요하지만, 어떤 경우에도 더는 저녁 6시 이후에는 일하지 않는 시스템 구축이 필요하다. 인간은 밤에 휴식을 취해야 하는 생명체이기 때문이다. 규칙적인 수면을 통해서 젊은이들의 몸과 마음이 건강해야 우리 사회가 질적으로 더욱 발전할 수 있다.

WALKING
WHILE
THINKING

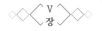

V
장

인식의
대전환
방향

63

의식의 스위치 전환

누구나 살아오면서 기적 같은 일을 최소한 몇 번은 경험한다. 교통사고를 순간적으로 피해서 살아남는다는지 혹은 도저히 자신의 실력으로 합격할 수 없는 시험에 합격하는 경우 등이다. 기적을 단순하게 운으로 여기는 사람도 있다. 필자는 큰 교통사고를 다섯 번 이상 경험했고, 매번 몸을 다치지 않는 기적을 경험했다. 그러나 그러한 기적이 일어난 환경과 상황을 면밀하게 살펴보면, 운이라고 볼 수 없는 상황이 있다. 사실 우리 모두에게 탄생 자체가 기적이다. 1억 마리 이상의 정자들이 올림픽 마라톤 경주를 통해 1등을 한 1마리가 난자와 결합하여 배아가 잉태되는 영광을 누린다. 또한, 인간 자체가 홀로그램인 점도 기적이다. 사람에게는 약 60조 개의 세포가 있다. 그런데 모든 개별 세포의 세포핵에는 23쌍의 염색체가 있고 모든 세포는 전체 인간의 유전정보를 가지고 있는 점이 홀로그램 적인 특징이다. 홀로그램이란 모든 부분이 전체 정보를 가지고 있는 구조를 말한다. 따라서 이론적으로는 인간의 어떤 세포를 가지고도 나와 같은 다른 나를 복제할 수 있다.

이미 동물들에서는 복제동물이 탄생한 지 오래되었다. 그런데 사람들은 기적 같은 자신의 존재를 망각하며 산다. 너무 고정된 시각으로 현재의 모습에만 집중한다. 의학도 원래 인간이 가진 기적 같은 생명력을 잘 이해하지 못한다. 암을 스스로 치료한 사람들의 이야기는 알려지지 않는다. 반대로 아픈 사람들의 이야기는 넘칠 정도이다.

　오늘날 현대인들은 기적을 믿으려고 하지 않는다. 인간의 의식은 우리 몸속에서 일어나는 현상을 쫓아가지 못한다. 세포 속에서 진행 중인 엄청난 속도의 정보 전달은 인간 의식의 상상을 초월한다. 신경세포 간에 연결고리인 시냅스를 통해 신경전달 물질들이 눈 깜짝할 사이에 전달된다. 심장이 한 번 피를 내보내면 불과 90초 사이에 지구를 세 번 도는 12만 km을 빠르게 돌고 다시 심장으로 복귀한다. 인간은 자신 속에서 매 순간 일어나고 있는 기적 같은 현상들을 모르거나 아예 눈을 감고 산다. 오직 피부 바깥에 드러나는 내 몸뚱이가 전부라고 생각한다. 그러다가 아파서 병원에 가 수술을 하게 되면, 그냥 눈을 감고 운명에 자신을 맡긴다.

　우리의 의식이라는 커다란 방 속에는 살아오면서 수집한 수많은 전자제품과 가구들과 같은 생각이 기억 형태로 꽉 차있다. 의식이 작동하는 한 전자제품들이 작동하고 흔들리고 열을 내고 온몸과 마음을 뒤흔든다. 끊임없이 엄청난 생각과 감정, 상상과 억측, 오해를 생산해 낸다. 오래된 전자제품을 하나씩 꺼보려고 시도해도 전체를 끌 수가 없다. 아예 나의 의식의 방으로 공급되는 전기를 차단할 필요가 있다. 즉 낮에 의식의 스위치를 정지 상태로 전환하기이다. 그 대신 낮에 잠재의식을 경험하는 것이다. 사실 낮에도 의식뿐만 아니라 잠재의식도 작동하고 있지만, 의식이 잠재의식과의 접촉을 막고 있을 뿐이다. 명상이나 마음 챙김 기술을 활용해도 좋다. 반대로 잠이 깨면 꿈이 금방 잊히는 이유가 바로 의식 스위치의 전환 때문이다. 잠재의식 속에서 진행된 꿈이 의식상태로 전환되면서 잠재의식의 방에 공급되었던 전기에너지가 끊긴 것이다.

마찬가지로 낮에 의식이 작동하는 동안 발생하는 각종 생각과 기억, 상상을 제어하려면, 낮이고 깨어있지만, 의식을 잠재의식상태로 전환할 필요가 있다. 떠오르는 생각과 감정이라는 전기제품과 가구 자체를 해체할 수는 없다. 다만 그들에게 공급되는 의식의 전기 자체를 차단하는 것이다. 의식상태에서 잠재의식상태로의 전환이란 꿈에서 깰 때와 반대 모드로 들어가는 것이다. 낮의 꿈에서 깨어나는 것이다. 낮의 꿈같은 현실을 밤의 꿈으로 전환한다. 실제로는 낮에 걸어가면서 꿈처럼 느끼는 것이다. 매사에 의식적인 마음이 꺼진 상태이다. 더는 분노, 화, 의심, 걱정의 전기에너지가 흐르지 않는다. 걸어가고 말도 하지만 의식에 에너지가 흐르지 않기 때문에 모든 존재가 꿈처럼 여겨지고 의미가 없어지는 현상이다. 흔히 마음을 비운다는 현상이다. 그러면 낮에 경험하는 어떤 일이나 상황에도 아파하지 않고 덤덤하게 그저 바라볼 뿐이다. 다만 낮에 잠재의식 경험은 매우 안전한 공간에서 이루어져야 한다. 그렇지 않으면 사고가 날 수 있다. 뇌 신경과학에 따르면, 인간의 뇌에는 베타파, 알파파, 세타파, 델타파의 파장이 있다. 보통 낮 동안 의식상태에서는 베타파가 작동한다. 밤에 잠들기 직전에는 알파파로 바뀐다. 바로 이 알파파 상태가 잠은 들었는데 아직 의식이 깨어있는 상태이다. 가끔 잠이 든 것 같은데 방 밖의 소리가 들리는 현상이다. 아침에 깨어나서도 아직 꿈속에 있는 것 같은 상태다. 그러다가 꿈을 꾸는 세타파로 변하는데, 눈동자를 좌우로 움직이는 렘수면 상태에서 꿈을 꾼다. 다시 델타파로 바뀌면 눈동자를 움직이지 않고 꿈도 꾸지 않는 비렘수면에 들어간다고 한다. 낮에 잠재의식을 경험한다는 것은 수면의 초입에 해당하는 것처럼 뇌가 베타파에서 알파파로 바뀌는 상황이다. 의식의 스위치를 바꿔 잠재의식의 상태로 들어간다는 의미는 뇌의 에너지가 베타파에서 알파파로 바뀐다는 말이다. 깨어있지만 잠을 자는 것과 같은 경계선에 들어가는 것이다. 이를 통해 의식상태가 느끼는 불안, 두려움, 걱정, 의심 등의 감정을 끄는 효과가 있다.

64

진짜 자기 혁명

사람은 집을 고친다. 사람은 자기 몸을 고치기도 한다. 그렇지만 사람은 자신의 마음이나 정신을 고치지 못한다. 마음을 다스리기 위해서 수많은 방법이 동원된다. 명상, 마인드컨트롤, 수양, 도를 닦기 등을 통해서 마음을 다스려 보려고 애를 쓴다. 그러나 수많은 책을 보아도 인간이 자신의 정신과 마음을 완전히 다스릴 수 없다는 것을 알 수 있다. 멀리 갈 필요도 없다. 매일매일 나 자신 속에서 일어나는 알 수 없는 화나 분노의 조절이 어렵고, 주변 사람들이 답답하게 보인다. 멀리 여행을 가거나 멋진 경험을 하면, 잠시 마음이 평화를 얻고 기분이 좋아지기도 한다. 그러나 잠시만 시간이 흐르면 다시 마음의 먹구름이 끼고 내 옆에 있는 사람들이 싫어진다. 나도 싫어진다. 어떨 때는 나의 어떤 점이 싫지만, 남이 내 못난 모습을 알아차릴까 봐 옷을 두껍게 입고, 선글라스를 끼거나, 심지어 가면을 쓴다. 그래서 주말에는 운동도 하고 자전거도 타고 등산도 해본다. 그러나 다시 한 주가 시작되고 세상이라는 감옥에 던져지면 비록 큰 감옥 문이 열려있더라도 나갈 수가 없다. 그런 상황을 박스에 갇혀있다고 표현한다. 우리도 안다, 우리가 박스에 갇혀있다는 것을. 그러나 어떤 탈출구가 없다. 쉬지 않고 돌아가는 지구에서 살아서는 내릴 방법이 없다.《아는 것

으로부터 자유》의 저자인 지두 크리스나무르티는 "인간이라는 존재가 평화와 폭력, 두려움과 용기, 포기와 열망이라는 정반대의 생각과 감정으로 이루어진 신비한 혼합물이다"라고 정의했다. 인간은 자신의 모습을 절대로 있는 그대로 인정하지 못한다. 자신의 정신적인 약점을 감추고, 희망적인 모습을 자신이라고 묘사한다. 희망적이고 가상적인 자신의 모습 속에 빠져 살다가, 문득문득 자신의 진짜 모습이 나타날 때면 정체성 혼란이 일어난다. 자신과 계속해서 싸운다. '왜 나는 이럴까 왜 나는 이렇게 한심하냐'고 탄식한다. 사실 한심하고 무능한 사람이 자기 자신인데도 다른 자신을 상정해 두고 실제 자기를 탓한다. 자신이 늘 영화나 드라마 속의 주인공, 멋진 광고 속의 모델과 비슷한 사람이 되어야 한다고 살아왔기 때문이다. 그렇지만 배우나 모델도 사실은 연출된 사람들이다. 그 사람들도 혼자 있을 때는 외롭고 우리처럼 똑같이 자신에 대해서 힘들어한다. 문제는 간단하다. 나라는 존재가 별것 아닌 데 자꾸 나를 부풀리기 때문에 인생이 틀어진다. 못나면 못난 대로, 어리석으면 어리석은 대로, 겁이 많으면 겁이 많은 대로 자신을 받아들이면 된다. 그렇게 있는 그대로의 나를 받아들이는 마음 자세가 진짜 정신적인 혁명이다. 못난 나를 철저하게 인정하는 것이 수양이고 명상이고 마인드컨트롤이다. 자신이 아닌 자신의 모습을 설정해 놓고 이런 가상 상태에 도달하기 위해서 노력하는 것은 현재의 진짜 나를 무시하는 것이고 계속해서 에너지를 낭비하게 된다. 인간 이외의 다른 동물들은 일부러 자신이 다른 존재인 것처럼 절대로 행동하지 않는다. 그냥 생긴 대로 살고 자신이 하고 싶은 것을 한다. 단지 인간만이 묘한 가치체계를 만들어 살고 있다. 돈이 많고, 권력을 가지고 있고, 키가 크고, 잘생기고, 큰 차를 가지고 있고, 큰 집에 사는 것이 좋은 것이라고 생각한다. 나도 그런 사람이어야 한다고 생각한다. 그래서 인류의 역사에는 전쟁이 끊이지 않는다. 남이나 다른 국가를 지배하고 이겨서라도 남의 소유물을 빼앗고자 하기 때문이다. 인류가 이러한 가치체계에서 벗어나지 않는 한, 앞으로 수천 년이 흘러도 우리의 후손들도 역시 싸우고 있을 것이다. 욕심이 너무 커서 환경파괴로 인한 기후 변화를 일으키고 핵무기를 사용해서 인류 전체를 없애버릴지도 모른다. 이 모든 것이 남의 이야기라고 생각하는가? 아니다. 우리 이야기다. 내가 나를 똑바로 바라보지 않기 때문에 일어나는 일들이다. 아마존강에서 나비가 날개만 움직여도 북미대륙에 태풍이 일어난다는 '나비효과'와도 같다. 내가 진짜 나를 인정하지 않고 가짜 나를 살고 있으므로 이 모든 일이 일어나고 있다. 남녀 간에 연애할 때도 가짜 나를 보여주고, 나중에 결혼한 이후에는 진짜 나가 나타나기 때문에 헤어지게 된다. 멀리서 찾지 말자. 내가 누구인지, 나는 어떤 열망과 소망을 마음속 깊이 가졌는지, 나는 어떤 두려움과 걱정 속에 살고 있는지, 나는 왜 이렇게 우둔한지 모든 것을 있는 그대로 받아들여야 한다. 더는 가짜 나의 모습을 남에게 보여주려고 하면 안 된다. 나에게도 더 이상 가짜 나를 강요해서는 안 된다.

65

자연과 분리된 나를 극복

떨어져 살 것인가 아니면 합쳐서 살 것인가? 분리와 연합, 그것이 문제로다. 나, 나, 나라는 분리된 개체로 사느냐 아니면 너와 그리고 우주 만물과 하나 되어있음을 깨닫고 살 것인가? 근대 사회와 함께 태동한 나 위주의 개인주의적 삶의 실체에 대해 생각해 본다. 다른 사람, 세상, 그리고 대자연과 분리된 존재 방식이 가능한가? 사람을 포함한 모든 생명체, 식물, 무생물, 땅, 별은 모두 같은 원자와 광물질로 구성되어 있고, 삶과 소멸이라는 과정을 통해서 영원히 순환하고 있다. 이론이건 실제건 영원한 우주적 관점에서 어떻게 80년 인생이라는 극미의 시간 동안만 모든 것과 분리된 개별적인 내가 있을 수 있는가? 개인인 나도 매일 대자연에서 재배된 식물과 동물을 섭취해서 살아간다. 우리 몸은 태양 빛을 흡수해서 면역물질인 비타민 D를 합성한다. 자연이 주는 공기나 물을 흡수하지 못하면 개인은 잠시도 지속할 수 없다. 우리는 이 세상의 삶을 마치면 땅에 묻히고 식물과 미생물의 퇴비로 화한다.

인간은 땅에서 왔고 땅으로 돌아간다. 인간과 땅은 연결되어 있다. 미국에서 출간된 접지(땅에 몸을 접촉하기)라는 의미의 《접지, Earthing, The Most Important Health Discovery Ever》

(Clinton Ober, Stephen Sinatra, Martin Zucker 공저 2010년 초판)은 인간과 땅과의 전자에너지 교환에 대해 10년 이상 연구한 결과를 밝히고 있다. 우리나라에도 '맨발 걷기'라는 내용으로 소개된 바 있고, 현재는 맨발로 걷기 동호회도 있다. 저자들에 따르면, 인간도 동물들과 마찬가지로 수백만 년의 생존 과정에서 대부분의 생활을 맨발로 영위해 왔다. 사람들이 단지 최근에야 문명의 발달로 전기에 대한 절연물질인 플라스틱이나 고무를 소재로 한 신발을 종일 신고 산다. 인간이 호흡하면, 세포 속의 미토콘드리아라는 에너지 공장에서 부산물로 활성산소가 생긴다. 어느 정도의 활성산소는 신체의 병소 부위에서 박테리아 등 세균을 제거한다. 양전하를 띤 활성산소(Free radicals)는 이 과정에서 죽은 세포 속의 음전하인 전자를 취해서 안정을 유지한다. 그러나 호흡을 통해 계속해서 활성산소가 늘어나면, 취할 전자가 부족해서 이제 활성산소가 건강한 세포를 공격해서 전자를 취한다. 건강한 세포가 지속해서 공격을 받으면, 몸에 만성 염증이 생기고 스트레스와 만성 염증이 인간이 겪는 대부분의 질병 원인으로 밝혀지고 있다. 원래 신발 없이 생활했던 원시인들은 땅 표면에 있는 무한한 자유전자(Free electrons)를 취해서 몸속의 과잉 축적된 활성산소를 중화시켜 강한 면역력을 유지했다는 것이다. 양전하를 띤 수백만 볼트의 번개가 피뢰침을 통해 땅에 접지하면 순식간에 땅의 전자에 빨려 들어간다. 사람도 몸의 70%가 수분이며, 기타 마그네슘, 아연, 철 등 광물질로 구성된 전기의 전도체이다.

따라서 지금이라도 맨발로 땅을 걸으면, 지표면에서 자유전자가 몸속의 양전하인 활성산소를 중화시켜 모든 중병에서 해방된다는 것이 저자들이 10년 이상 수많은 사례에서 목격한 경험이라고 한다.

현대 의학에서도 만성 염증이 과잉 활성산소 때문에 야기되고 모든 질병의 원인임이 밝혀지고 있다. 특히 발바닥에 온 장기와 연결된 신경 다발이 몰려있다. 현대 문명의 발명품인 신발이 바로 인간과 땅 사이에서 자유전자의 흐름을 막고 있는 주범이라고 주장한다. 현재 맨발 걷기가 완전히 과학적으로 입증되지는 않았지만, 세계적으로 많은 사람이 건강 효과를 보고 있다고 알려졌다. 이처럼 사람은 햇빛, 공기, 물, 땅속의 전자들과 유기적인 상호관계 속에서 생존한다. 나만의 나라는 독립적인 존재는 불가능하다. 우리는 나와 너, 나와 대자연 속에서 연합하여 살고 있다. 나라는 분리된 개체가 있다고 믿는 삶에서 대자연과의 연합체 속의 나라고 믿고 사는 삶으로 바뀌는 것이 인생의 대전환이다.

66

죽음마저 극복

흔히 정치인들이 "사즉생 생즉사"라고 말한다. 사실 이 말은 부하들을 독려하면서 사용한 이순신 장군의 좌우명이었다고 한다. "죽으려고 하면 살 것이고, 살려고 하면 죽을 것이다"라는 의미이다. 오늘날에는 위기에 처한 사람들이 결연한 의지와 각오를 다질 때 사용된다. 이와 유사한 재미있는 이야기가 있다. 한번은 어떤 사람이 시장에 새 1마리를 사러 갔다. 어미 새가 자신의 새끼 새가 팔려가게 된 것을 알게 되었다. 어미 새는 새끼 새에게 무언가 심오한 말을 알려주었다. 한참 후에 새끼 새는 새장에 갇혀서 살게 되었다. 아무리 탈출하려고 발버둥 쳐도 어쩔 수가 없었다. 그러던 어느 날 새 주인이 외출에서 돌아와 보니 새끼 새가 불러도 죽은 것처럼 움직임이 없었다. 주인은 새가 죽었나 확인하려고 새장 문을 열었다. 그 순간에 새끼 새는 힘을 다해 새장 밖으로 빠져 달아났다. 새 주인이 새끼 새에게 죽은 척 거짓말했다고 화를 내자, 새끼 새는 "죽으면 살 것이고, 살면 죽을 것이다"라고 엄마 새에게서 들은 말을 외치며 멀리 날아갔다. 성서에는 종교적 관점의 다른 내용이지만, "자기 목숨을 얻는 자는 잃을 것이요, 나를 위하여 자기 목숨을 잃는 자는 얻으리라"라는 말과 에스더의 "죽으면 죽으리라"라는 말이 있다.

벌들은 자신이 바이러스에 감염되면, 전체 벌들을 살리기 위해 벌통을 떠나서 스스로 죽는다고 한다. 류충민의 《좋은 균, 나쁜 균, 이상한 균》 책에는 "식물도 세균이 침투하면 그 부분의 자살을 택함으로써 침투한 세균도 함께 죽게 되고, 식물의 나머지 세포들은 살게 된다"라고 소개한다. 필자는 대학교 여름방학 때 공부한다는 명목으로 부산에 있는 금정산의 산사에서 한 달간 머무른 적이 있었다. 불교에 대해서 몰랐지만, 스님들이 매일 독송하는 반야심경이 매우 인상적이었다. "색즉시공 공즉시색(눈에 보이는 세상의 실체는 사실 없는 것이고, 없는 것 같이 보이는 것이 세상이다)"이라는 유명한 말도 반야심경에 포함되어 있다. 이 말은 양자물리학의 관찰자 효과와 비슷하게 여겨진다. 전자가 관측되지 않을 때는 파동처럼 행동하지만, 관찰되는 순간 갑자기 입자의 성질을 띤다는 과학이론이다. 한편, 반야심경의 마지막은 "아제아제 바라아제 바라 승아제"라는 주문으로 끝난다. "가버리게 하네, 가버리게 하네, 피안의 세계로 가버리게 하네, 피안의 세계로 완전히 건너 가버리게 하네"라는 뜻이라고 한다. 번뇌와 고통으로 얼룩진 사바세계를 떠나서 이상향의 세계인 피안의 세계로 건너가려면, 현재 오감의 세계를 초월해야 가능할 것이다. 니체도 《우상의 황혼》에서 "나를 죽이지 못하는 고통은 나를 더 강하게 해줄 뿐이다(What does not kill me makes me stronger)"라고 말했다.

물론 이런 모든 말들은 신체적인 죽음을 말하는 것이 아니다. 힘든 세상을 살면서 정신적 또는 영적인 각성을 통해 죽음마저 두려워하지 않는 마음 자세로 모든 어려운 현상을 극복하자는 뜻일 것이다. 쉽게 흔들리는 마음에서 강한 의지와 정신력으로 죽음도 두려워하지 않는 마음 자세로 바뀌는 것이 인생의 대전환이다. 사실 인생에서 너무 큰 고통을 경험한 사람들에게는 죽는다는 사실이 그렇게 힘든 일이 아닐 수 있다. 육신의 소멸 그 너머에 켜져있을 거라 여겨지는 찬란한 빛을 느낄 수 있다면, 지금 이 세계에서 모든 어려움을 이겨내고 진정한 삶을 살아가게 되리라 생각한다. 어떤 문제를 밑에서 바라보면 해결책이 보이지 않지만, 만약 한 차원 높은 곳에서 그 문제를 내려다본다면 길이 보일 것이다.

67
큰 그림을 보기

당장 눈앞에 보이는 상황만을 보지 말고 눈에 보이지 않는 더 큰 그림을 보라는 말이 있다. 왜냐하면, 우리의 삶에서 나타나는 현상들은 단일하고 일회적인 사건이라기보다 과거나 심지어 미래의 사건들과의 연관성을 가지고 있기 때문이다. 어떤 사람이 지금 기분이 좋다면, 이 사람에게 머지않은 과거 시점에 행복한 일이 있었을 것이다. 반대로 지금 기분이 안 좋은

상태라면 그런 상태를 초래한 과거의 이유가 있을 것이다. 또한, 현재의 기분 침체가 일시적일 수도 있지만 머지않아 다가올 더 큰 불행을 예고할 수도 있다. 따라서 매사에 당장 상황만을 보고 비관하거나 임시 처방식의 대응을 하는 것은 바람직하지 않다. 어떤 어려운 상황이 발생해도 너무 당황하지 말고 왜 이런 일이 일어났는지를 잘 분석해 보고 동시에 이 일을 어떻게 처리하느냐에 따라 미래의 현실이 바뀔 수 있다는 관점에서 생각해야 한다. 인생에서 성공한 사람들은 대개 어려운 역경의 삶을 피하지 않고 극복한 사람들이다. 얼핏 보면 이들이 눈앞에 보이는 상황만을 잘 처리한 것처럼 보인다. 사실은 이들이 언제나 눈에 보이지 않는 큰 그림을 볼 수 있는 혜안을 가지고 있기에 현재의 문제를 잘 해결하는 능력이 있다.

큰 그림을 보는 힘은 습관에서 나온다. 어떤 상황에 부닥쳐도 흥분하지 않고 왜 이런 일이 발생했는지를 종합적으로 검토, 분석하는 습관을 길러야 한다. 지금의 어려운 일도 어떻게 능숙하게 처리하느냐에 따라 미래가 달라질 수 있다. 사실 영화 대부분이나 드라마의 핵심이 주인공의 상황 대처 능력을 보여준다. 아슬아슬하게 현실을 타개해 나가는 주인공들의 행동을 보면 손에 땀이 난다. 주인공들은 보통 사람들이 생각하기 어려운 행동을 한다. 늘 매사에 큰 그림을 보기 때문이다. 오늘날처럼 모든 분야가 전문화되고 세분이 될수록 전체적인 그림을 볼 수 있는 사람이 필요하다. 병원에 가면, 의사별로 분야가 너무 나누어져 있어서 어떤 의사도 나의 몸 상태를 전체적인 입장에서 다루지 못한다. 오직 자신이 담당하는 분야만 설명해 준다. 그래서 종합병원이 필요하다. 의사들은 분야별로 내 몸의 일부 상태만을 안다. 그러나 나는 의사는 아니지만, 나의 심리상태부터 시작해서 내 몸의 모든 아픈 곳을 알고 있다. 내 몸과 정신의 상태에 관한 한 나보다 잘 아는 의사는 없다. 의사들도 환자의 병에 대해 큰 그림을 가지고 접근하면 다양한 치료 방법을 알 수 있을 것이다. 친구나 동료와의 관계에서도 자주 겪는 일이 상대의 의도를 파악하는 것이다. 당장 대화에서 들은 말만으로 행동하면 손해를 볼 수 있다. 왜 그런지는 모르지만, 사람은 모든 사실을 돌려서 말하는 습성이 있다. 과장하고, 포장하고, 축소하기도 한다. 그래서 전체 맥락을 이해하고, 말 이면에 숨어있는 큰 그림을 보는 것이 중요하다.

큰마음과 큰 그림을 보는 능력은 누구보다도 지도자에게 필요하다. 만약 각 분야에서 지도자가 역사적 배경을 바탕으로 전체적인 상황을 이해하지 못한다면, 나중에 사회 전체가 커다란 손실을 볼 수 있다. 세상은 서로 연결되어 있다. 한쪽에서 이익을 보면, 다른 쪽에서는 손해를 볼 수 있다. 개인의 삶도 마찬가지다. 어떤 결정을 내릴 때, 당장 눈에 보이는 분야에서는 문제가 없어도 눈에 보이지 않는 분야에서는 큰 손실이 발생할 수 있다. 맛있다고 트랜스지방과 포화지방이 많은 과자를 매일 먹으면 언젠가는 몸에 해로운 현상이 나타난다. 과자를 입에 넣을 때 미래의 오염된 혈관과 비만한 몸을 미리 볼 수 있다면 이것이 바로 크게 보는 것이다. 지금 내 이익만을 챙기고 친구나 동료를 속이면, 미래에 모든 친구가 사라지고 홀로 외롭게 지내는 모습이 보인다면, 큰 그림을 보고 있다. 지도자가 사회의 진짜 아픔을 보지 못하고 눈앞에 보이는 인기 있는 일만 추구한다면, 보지 못한 힘든 미래가 기다리고 있음은 자명하다. 개인이거나 전체 사회이건 눈앞의 현실만을 보지 않고 눈에 보이지 않지만 촘촘하게 연결된 전체 상황을 볼 수 있는 자세 확보가 인생의 대전환이다.

68

조급함의 극복

디지털 방식의 현대 문명은 빠른 속도를 선호하며, 계속해서 더 빠른 모델의 스마트폰과 컴퓨터가 경쟁적으로 출시되고 있다. 우리나라는 세계적인 디지털 문화 확산 이전에도 '빨리빨리' 문화로 유명했다. 외국 사람들이 과거에는 한국인들의 빨리빨리 문화를 비판적으로 바라보았다. 그러나 지금은 우리나라의 빠른 서비스 문화를 좋아하며 심지어 부러워하는 외국인이 늘어나고 있다. 일을 빠르게 처리하는 것은 시간을 절약하고 효율성을 높이기 때문에 좋은 일이다. 그러나 사회 전반적인 빠른 문화가 개인의 일상을 더욱 지배하고 있다. 횡단보도 파란불이 빨간불로 바뀌기 전에 뛰어가는 경우도 많다. 사거리에서 파란불을 기다리는 운전자에게는 30초가 마치 30분처럼 느껴진다. 필자도 좌회전 신호가 들어왔는데 앞의 운전자가 꾸물거리면 참을 수 없는 마음이 생긴다. 곧 후회한다. 사람들이 점점 매사에 조급해지고 있다. 계산대에서 기다릴 때도 점원이나 앞의 손님이 너무 느리게 움직인다고 속으로 불평한다. "참을 인 자 셋이면 살인도 면한다"라는 옛말이 무색해지고 있다.

  필자가 보기에는 현대 문명의 빠른 리듬과 속도가 개개인에게 조급한 성격을 유도하는 것 같다. 상대의 이메일, 문자, 카톡, 전화 연락에 대해 빠른 답변이 요구된다. 반대로 나의 문자나 전화에 대해 상대방이 빠르게 답변해 주기를 기대한다. 그런데 빠른 답변이 몇 시간이 아니라, 몇 분 안에 이루어져야 한다. 그렇지 않으면 상대를 원망하고 답변이 왔는지 계속해서 점검한다. 분명히 21세기의 특징 중 하나가 사람들의 조급한 성격이다. 참을성이 없어지고 무엇이든 빠르게 처리하려는 태도이다. 참지 못하고 조금도 기다리지 못한다. 필자는 오래전에 30초의 기다림 덕에 큰 혜택을 본 적이 있다. 갑자기 집을 팔아야 할 사정이 생겼는데, 당시에는 주택 매물이 아예 없고 거래가 사라진 상태였다. 따라서 집을 팔 희망을 접고, 전세라고 놓아야 했다. 어느 날 전세를 구하는 사람이 집을 보러

왔다. 필자는 어떻게든 집을 처리해야 했기에 세입자가 원하면 시세보다 낮게라도 전세를 줄 생각이었다. 그래서 먼저 낮은 전세가를 제시하고 싶은 마음이 굴뚝같았다. 그런데 웬일인지 잠시 그냥 있기로 했다. 그사이에 집을 보러온 사람이 집이 마음에 들었는지 전세가 아니라 아예 집을 살 수 있느냐고 물어왔다. 그것도 매매 시세보다 많은 가격을 제시했다. 급한 성격의 소유자였다. 필자는 집을 팔게 되면 매매 시세보다 훨씬 낮은 가격에 팔 생각이었다. 만약 필자가 팔려는 조급한 마음에 먼저 가격을 제시했더라면, 불과 30초 사이에 큰 손해를 보았을 것이다.

이 경험은 이후에 필자에게 30초 기다림과 인내심이 얼마나 중요한지를 가르쳐준 평생 교훈이 되었다. 매사에 너무 빨리 결정하지 말고 약간 기다리는 습관이 필요하다. 너무 성급한 판단과 결정 때문에 손해를 보거나 오해하는 경우가 많다. 대화할 때, 상대방이 답변을 머뭇거려도 최소한 30초만 기다려 주면, 결국 나의 행동 범위가 넓어지고 나에게 유리한 환경이 조성된다. 전화, 문자, 카톡, 이메일에 대한 답변이 늦더라도 최소한 하루를 기다려 주는 것이 인내심의 발로이다. 생활 속에서 아무리 사소한 일이라도 조급하게 굴지 말고 인내심을 발휘하는 것이 인생의 대전환이다.

69

사랑과 배려의 닻을 내리기

우리가 세상을 살아가면서 인생의 나침판으로 삼는 내적 틀이 있다. 만약 큰 배를 조정하는 선장에게 나침판이 없다면 폭풍우가 휘몰아치는 망망대해에서 목적지로 가는 방향을 찾을 수 없다. 마찬가지로 인생이라는 배를 노 저어갈 때도 방향을 제시해 주는 지형지물과 같은 기준점이 필요하다. 항구에 도착해서도 닻이라는 고정장치를 물속에 내려놓지 않으면 배는 정처 없이 떠내려간다. 원하는 지점에 머무르거나 목표 지점을 향해서 나아가려면 무언가 기준이 되는 물건, 장소, 내비게이션 또는 닻과 같은 장치가 필요하다. 인생이라는 항해에는 모든 언행을 하는 판단 기준이 있다. 누구에게나 옳음과 그름, 정의와 불의, 선과 악, 배척과 포용에 관한 생각의 기준이 있다. 특이한 점은 어떤 대상을 두고 사람마다 옳고 그름을 판단하는 기준이 다를 수 있다는 점이다. 정치를 보면 서로 반대하는 그룹 간에는 늘 다른 잣대가 동원된다. 어떤 주제를 가지고 열띠게 토론하는 사람들도 서로 관점이 다르다. 이처럼 인생의 나침판과 잣대로 상대적 판단 기준이 자주 사용된다.

그러나 인생에는 누구에게나 적용되는 고귀한 기준도 있고, 열악한 기준도 있다. 예를 들어 사랑, 용서, 이해, 포용, 겸손,

친절, 소망, 배려, 돌봄, 존경 등은 높은 기준이다. 반대로 비난, 배척, 오만, 불친절, 복수, 절망, 무시 등은 인간관계를 악화시키는 기준이다. 숭고한 삶을 사는 사람들은 평소 언행을 할 때 고귀한 기준에 따라 한다. 반대로 세상을 어렵게 사는 사람들은 낮은 기준에 따라 말을 하고 행동을 한다. 삶과 인간관계를 악화시키는 언행의 기준을 인생을 풍요롭게 만드는 언행의 잣대로 바꾸는 것이 또 다른 인생의 대전환이다. 평소 자신의 말과 행동을 잘 점검해 보아야 한다. 얼마나 자주 그리고 얼마나 쉽게 타인과 자신에게 상처가 되는 말과 행동을 하는지 체크해 볼 필요가 있다. 만약 자신이 자주 불신, 배척, 무시, 절망의 언행을 하고 있다면, 이미 자신의 내면에 그러한 부정적인 표현의 프레임이 되는 커다란 닻이 뇌의 항구에 깊이 내려져 있음을 자각해야 한다. 힘들어도 부정적이고 열악한 녹슨 닻을 끌어올려야 한다. 그렇지 않으면 상황만 바뀔 뿐이지 계속해서 좋지 않은 말과 행동이 계속된다. 마음속에 사랑과 이해, 존중과 양보, 배려와 돌봄이라는 새로운 닻을 내리거나 나침판을 설치해야 한다.

70

과거의 부정적인 신념체계 극복

사람은 종일 생각을 하면서 살아간다. 스스로 계획을 세우기도 하고 눈과 귀에 잡힌 대상을 판단한다. 그리고 의도적으로 어떤 생각을 안 하면, 뇌의 기억 창고에서 불쑥불쑥 과거의 일들이나 미래에 대한 걱정의 생각들이 떠오른다. 이처럼 우리의 뇌는 계속해서 무언가를 생각하면서 살아간다. 뇌의 무게는 약 1.5kg으로 체중의 2%에 불과하지만, 산소와 신체 에너지의 20%를 소모하는 특수 기관이다. 생각을 많이 해도 에너지가 고갈되고 몸이 피로해진다. 인간이 의식하지 못해도 인간의 뇌는 하루에 약 6만 개의 생각을 한다고 한다. 대부분은 큰 의미가 없는 생각들이 반복되며 약 2천 개 정도의 생각이 사람의 최근 인생 경험과 직접 관련된다고 한다.

생각을 잘 분석해 보면, 생각에는 세 종류의 특성이 있다. 무언가에 대한 기억 또는 생각, 그 대상에 관한 판단, 그리고 이 모든 것을 관찰만 하는 존재가 있는 것 같다. 특히 상황과 사물을 판단하는 특성은 자체적으로 모든 상황에 대해 찬성과 반대의 견해를 포함한다. 뇌 과학에 따르면, 인간의 뇌에는 약 1천억 개의 신경세포가 있다. 척추, 장기, 심장에도 신경세포가 있어서 뇌와 교감을 한다. 사람이 무슨 새로운 생각을 하면 마치 녹음기에 목소리가 저장되듯이 신경세포들이 결합(시냅스)하여 새로운 기억을 만들어 낸다. 중요한 기억은 그 생각에 따른 감정이 덧칠되어 장기기억으로 저장된다. 그러나 중요하지 않은 단기 기억은 잠시 후에 소멸한다.

인간이 평생 살아오면서 받은 교육, 개인적 또는 집단적인 경험과 문화, 그리고 심지어 조상들의 유전정보가 모두 장기기억으로 보관되어 있다. 어제까지 축적된 장기기억이 사람의 가치관과 신념으로 작동하고 있다. 문제는 보통 사람들이 간직하고 있는 과거의 가치관과 신념체계가 매우 단편적인 정보, 개별적인 경험과 특수 환경 속의 교육에 기반하고 있어서 틀릴 수 있다는 점이다. 나이가 들고 다른 사람들과 교류가 늘어나면, 우리의 생각의 판단 기준이 객관적이지 못하고 오류가 많다는 사실을 점점 더 느끼게 된다. 그래서 열린 마음으로 타인의 의견을 받아들이고 나의 생각이 맞지 않을 수도 있음을 자각하는 것이 중요하다. 점점 내가 알았던 것이 보편적인 정보가 아님을 깨닫고 새로운 포괄적 가치체계를 수립하는 과정이 인생의 대전환이다.

과거의 단편적이고 부분적인 이해를 어린 시절의 옷처럼 과감하게 버리고 현재의 나에게 어울리는 새로운 가치체계를 받아들이는 것이 필요하다. '나는 이래야 해'라는 희망적인 자아관을 버리고 현재 있는 그대로의 나를 느끼는 것이 중요하다.

그래야만 새 하늘과 새 땅이 열린다. 과거 어린 시절에 자신도 모르게 형성된 생각 체계라는 신념이나 가치관을 가지고 너무 변한 현재의 자신을 운전한다면, 이는 현대인이 갓을 쓰고 수염을 길게 기르고 살아가는 것과 같다. 과거의 경험과 교육에 따라 떠오르는 생각이 제시하는 방안을 따를 경우, 실제 현실에서는 그런 생각들이 오류가 많음을 알게 된다. 우리는 매일매일 변화 중인 살아있는 존재들이다. 육체가 변하는데 생각만 변하지 않는다면 그것은 고집이 된다. 심신의 변화, 자신의 환경변화에 부합한 생각의 대전환이 필요하다. 생각의 대전환을 이루려면, 많은 좋은 책을 읽고 폭넓게 세상을 경험해 보고 올바른 인생관을 가진 멘토를 찾아 나서야 한다.

71

알에서 깨어나는 아픔 이겨내기

헤르만 헤세가 1919년 발표한 《데미안》은 당시 1차 세계대전과 전체주의라는 어두운 사회적 상황을 반영하고 있다. 부모의 보살핌과 기독교 가정에서 성장한 싱클레어라는 한 소년이 데미안이라는 친구와의 만남 속에서 선과 악, 밝은 세상과 어둠의 세상, 억압된 의식과 자유로운 의식 사이에서 진정한 자아를 찾아가는 내용이다. "새는 알을 뚫고 나오기 위해 싸운다.

알은 세계다. 태어나려는 자는 하나의 세계를 깨트려야 한다"
라는 유명한 문구는 새로운 차원의 세계를 향해 나아가는 의식
의 노력을 나타낸다. 그 결과 이분법적인 선과 악의 두 세계가
자신 안에서 통합되는 일체감을 맛보고, 어려서 형성된 알 수
없는 죄의식으로부터도 해방되는 과정이다. 청년 싱클레어는
방탕과 쾌락, 베아트리체라는 여인을 만난 후에 절제와 순결의
추구, 그리고 절대적인 고독 속에서 자신의 운명을 찾아서 자
신의 삶을 찾아간다. 마치 니체가 말한 자기 운명을 사랑(아모
르파티)하는 초인을 추구하는 것과도 비슷하게 느껴진다.

땅을 기어 다니는 애벌레가 하늘을 날아가는 나비로 변하는
과정을 메타모포시스(Metamorphosis)라고 한다. 탈바꿈 또는 변
형이라는 의미이다. 이처럼 인간은 누구나 살아가면서 의식과
존재 방식 자체가 바뀌는 단계를 경험한다. 이 과정에서 가족,
교육, 성장환경과 문화, 친구가 매우 큰 영향을 미친다. 대개
청소년기에 일차적인 의식의 변화를 겪는다. 문제는 어떤 변
화도 가치관과 인생관의 변화가 생기려면 커다란 고통과 어려
움을 맛보게 만든다는 것이다. 기존에 살아온 가치관과 의식
체계에 벼락이 떨어지는 것과 비슷하다. 어느 날 갑자기 지금
의 부모가 나의 부모가 아니고 생부모가 있다는 소식을 들었
을 때의 충격과도 같다.

그렇지만 현대인들은 작은 변화도 두려워한다. 늘 익숙한 것

을 좋아하고 편리한 생활을 추구한다. 모든 것을 컴퓨터로 계산하고 미리 미래 소득을 전망한다. 현대적 삶의 특징은 내면 세계의 엄청난 의식의 변화라는 요소를 고려하지 않는다. 사람들이 주식과 비트코인을 사면, 너도나도 달려든다. 한 개인의 독창성이 별로 존중받지 못한다. 만약 어떤 사람이 싱클레어가 겪은 알에서 깨어나는 아픔을 느낀다고 해도 주변에 이런 고통을 함께 상의하고 나눌 사람이 드물다. 선과 악, 밝음과 어둠, 진정한 자유라는 개념에 대해 진지하게 느껴볼 환경이 없다. 우리가 살아가는 환경 자체가 거대한 자본주의 시스템과 인간 통제 과학 기술의 사슬에 묶여있기 때문이다.

모든 드라마, 뉴스, 광고가 시도 때도 없이 이렇게 또는 저렇게 살아야 한다고 가르친다. 지하철에서 1시간만 앉아있으면 5분마다 수많은 탑승객 행동지침 안내방송으로 머리가 아프다. 참고로 미국이나 유럽 지하철에는 안내방송이 거의 없다. 시시각각 날아오는 수많은 광고 문자, 카톡, 댓글, 이메일, 사기 전화, 새로운 패션, 커피 쿠폰! 아플 권리도 없다. 기침만 하면 주변 사람들이 코로나로 의심하고 쳐다본다. 몸이 아프면 약한 사람으로 치부될 수 있다. 이런 환경에서 어떻게 의식의 대전환에 대해서 진지하게 느껴볼 수 있을까? 그러나 사람으로 살아가는 동안 어떤 환경이 우리를 지배하더라도 늘 새로운 생각을 하는 것이 바람직하다. 기존의 삶의 방식에 순응하거나 편승하지 말고, 우선 유행과 대중문화, 사회적으로 강요된 교육에서 깨어나야 한다. 사회 문화적인 마취에서 깨어나야 한다. 그다음에야 내면의 의식 세계를 점검해 보고, 한 인간으로서 자신만의 우주를 느끼고 새롭게 할 순서가 기다리고 있다.

이것이냐 저것이냐

사람은 살면서 변한다. 왜냐하면, 이 세상에는 고정된 것이 없고 세상 만물이 변화하고 있기 때문이다. 세상 물질만 변하는 것이 아니라 사람의 정신적인 믿음이나 태도도 변한다. 아주 오랜만에 옛 친구를 만나면 반갑기는 하지만, 깊은 대화를 나누기 어렵다. 서로가 다른 경험과 교육 속에 살아왔고, 더는 어린 시절과 똑같은 사람이 아니기 때문이다. "강가에서 흐르는 강물을 보고 있으면, 똑같은 강물은 없다"라는 말이 있다. 계속해서 물이 흘러가기 때문에 내 눈앞에 보이는 강물은 언제나 새로운 물이다. 비록 우리의 틀은 남자 또는 여자, 그리고 이름을 통해서 평생 같으나, 우리의 틀 속에 담기는 내용물이 계속해서 바뀐다. 우리가 매번 배우고 경험하는 내용이 합쳐져서 늘 새로운 깨달음이 생기고 그에 합당한 새로운 가치관이나 신념이 태어난다. 컵은 같지만, 컵에 담기는 액체의 내용물이 바뀌는 것과 같다. 같은 컵으로 물도 마시고 맥주도 마시고 약도 마실 수 있다. 사람이 80 평생을 살아가면서 자주 변한다. 필자는 그중에서도 인생관과 세계관이 크게 바뀌는 경우를 대전환이라고 부른다. 사람마다 다르겠지만 누구나 대개 일생에서 서너 번 정도는 크게 변한다.

덴마크의 철학자였던 쇠렌 키르케고르는 《이것이냐 저것이냐》를 통해서 3단계의 대전환을 묘사한다. 인생의 기쁨과 쾌락을 추구하는 심미적 단계, 심미적 단계에서 한계를 느끼고 도덕적인 삶을 추구하는 윤리적 단계, 아직 인간적인 기준에 따른 윤리적 단계의 한계에 도달한 후, 마지막으로 신 앞에 무릎을 꿇는 종교적 단계를 말한다. 키르케고르는 개인의 실존 문제를 심도 있게 숙고한 초기 유신론적 실존주의자이다. 그는 자신의 삶 속에서 실존적인 경험을 통해 자체의 철학과 종교적인 대전환을 이루어 나간다. 아버지의 죄의식을 대신 참회하거나 첫눈에 반해서 3년간 사귀고 약혼까지 했던 레기네 올센과의 파혼도 그의 삶의 대전환 과정에서 일어난 일들이다. 키르케고르가 살았던 19세기 초의 기준으로는 그의 아버지는 82세까지 장수하였다. 하지만 키르케고르는 처음에는 아버지의 장수를 축복으로 여겼지만, 나중에는 장수를 신의 형벌로 여기게 된다. 오래 살아야 한다는 아버지의 운명 속에서 불행한 인간을 발견한 것이다.

오늘날 사람의 수명은 100세를 향해 가고 있다. 겉모습은 그 럴듯하다. 그러나 60세가 넘어서부터는 특별하게 할 일이 없 는 상태에서 다양한 성인병 속에서 시달리면서 30년 이상 긴 여생을 고통스럽게 살아가는 현대인의 아픔을 키르케고르가 미리 발견했다. 또한, 15세의 소녀에게서 사랑을 느꼈고 약 혼까지 했지만, 키르케고르는 자신이 한 여자를 자신에게 묶 어놓을 권한이 있는지에 대해 의심하였고 결국 헤어지고 홀 로 삶을 마감하였다. 특히 그는 자신이 윤리적이고 종교적임 에 반해 레기네 올센이 심미적이고 현실적임을 깨달았다. "나 는 종교적인 것만 가지고 있으면 레기네 없이도 살 수 있었고, 지금도 살 자신이 있다"라고 심경을 표현했다. 그는 1849년에 출간한 《죽음에 이르는 병》에서 현대인이 안고 있는 절망에 대해 깊은 성찰을 보여준다. 그가 말하는 죽음이란 육체적인 죽음이 아니라, "결코 죽을 수 없는 병, 죽을 수조차 없고 죽어 가면서도 죽을 수 없는 병"인 절망을 의미한다. 그렇다고 해 서 그가 절망을 죽음에 이르는 병으로 본 것이 아니고, 절망이 라는 병은 결코 인간적인 방법으로는 치유할 수 없다는 점을 강조한다. 즉 키르케고르는 젊은 시절에 추구했던 심미적이고 탐미적인 삶의 단계에서 정신적인 안정을 얻지 못했다. 이어 서 그는 도덕적이고 윤리적 삶의 실천을 통해서 한 차원 높은 인생의 의미를 체험해 보고자 하였다. 그는 도덕과 윤리도 결 국 인간적인 가치관에 기반하고 있는 한계를 깨닫게 된다. 이 제는 인간적인 모든 것을 내려놓고 절대자 앞에 순종하는 종교적인 단계로의 진입을 영혼의 평화를 위한 마지막 단계로 체험하였다. 영혼의 평화가 있기 전까지는 모든 것이 절망적이며 그러한 절망감이란 육신의 죽음보다 무서운 진짜 죽음에 이르는 병으로 본 것 같다.

오늘날을 살아가는 우리에게 키르케고르적인 변화는 중요한 점을 시사한다. 현대인들은 너무나 인간적이고 논리적, 과학적인 기계적 사고에 익숙한 삶을 살아가고 있다. 개인의 기분과 심리적 만족을 위해 탐미적인 삶을 최대한 추구한다. 도덕적이고 윤리적인 가치관마저도 성공과 돈벌이 앞에서 기반을 상실해 가고 있다. 키르케고르가 말하는 절대자 앞에 순종하는 영혼의 정화를 위한 삶의 대전환은 꺼내기가 어려운 시대로 바뀌고 있다. 시대가 아무리 변하고 외모가 변해도 불안과 두려움이라는 인간의 기본 감정은 수천 년이 지나도 바뀌지 않는다. 세상을 잘 살아가려면 세속적인 기준을 따르는 것도 중요하다. 그러나 절망, 두려움과 불안감을 극복하고 영혼과 마음의 평화를 얻기 위해서는 인생의 대전환이 필요하다. 나를 창조하였고 지금 살아 숨 쉬게 하는 절대자 앞에 순종하는 선택이 놓여있다. 이것이나 저것이냐의 갈림길이다. end.